GEORG RENDL

DER BIENENROMAN

Salzburger Bibliothek

Herausgegeben von Hildemar Holl

Band 4

GEORG RENDL

DER BIENENROMAN

Herausgegeben von Hildemar Holl

OTTO MÜLLER VERLAG

Die Deutsche Bibliothek – CIP-Einheitsaufnahme

Rendl, Georg:
Der Bienenroman / Georg Rendl, Hrsg. von Hildemar Holl. – Salzburg ;
Müller, 1996
 (Salzburger Bibliothek ; Bd. 4)
 ISBN 3-7013-0932-9

NE: GT

ISBN 3-7013-0932-9

Satz: Fotosatz Rizner, Salzburg
Umschlaggestaltung: Leo Fellinger
Druck: Druckerei Roser, Salzburg
Bindung: Buchbinderei Almesberger, Salzburg

INHALTSÜBERSICHT

Wer kennet wohl die hohe Macht,
die Bienen noch zu später Nacht
läßt ihren Honig holen?
Die Quellen schweigen auch nicht still.
Nicht ruhet, was sich schenken will
und was sich Gott befohlen!

Richard Billinger: Die Bienen

Harter Winter

Die Göttin Sonne will fern sein dem Werke, das sie liebt.

Die Göttin Sonne versagt der Welt ihre Macht. Sie schreitet nicht jäh, nicht mit der ungeduldigen, drängenden Hast der Jugend, sie geht wie eine, die einen großen, weiten Garten geordnet hat und nach getanem Tagewerk schlafen möchte.

Sie nimmt den Weg über den Berg nicht mehr so hoch und steil wie in früheren Tagen.

Das Land spürt ihr Müdewerden, ahnt ihr Scheiden; es schmückt sich mit Buntheit und breitet einen farbentollen Teppich unter ihre goldenen Füße hin.

Mit jedem Tage wird der Bogen, den sie, bergentstiegen, am graublauen Himmel abschreitet, kleiner, bis sie eines Morgens dem Scheitel des Berges kaum mehr entschwebt. Und dann läßt sie nur für kurze Mittagszeiten ihr bleiches Antlitz darüberschauen.

Dunkle Wolken rollen her. Stürme springen ins Land. Schneeflocken wirbeln.

Es ist, als hätten Wolken, Stürme und Schneeflocken die Göttin vertrieben.

Aber sie, die Mächtige, war es selbst, die es gewollt hat, daß schneebeladene Wolken kommen, daß Stürme daherheulen, daß weiße Last das Land bedrückt.

Sie hat jedem Wesen sein Leben gegeben. Jedem Wachsenden, jedem Gehenden, jedem Fliegenden hat sie Gedeihen geschenkt. Und nun will sie, daß jedes Leben von Ungemach, Gefahr und Feindschaft heimgesucht werde: denn jedes Beschenkte soll sich der Gabe würdig erweisen und soll zeigen, was es den Monden abgerungen hat.

Das Schwache soll verderben, nur das Lebensstarke die harte Zeit überdauern. Das Eigenwillige aber, das das Gebot der Tage mißdeutet, das dem ihm innewohnenden Gesetze zuwider sich gebärdet, das soll gezeichnet werden mit einem Male, ihm anhaftend durch alle Tage und Jahre seines Lebens.

Wehe dem Baum, der in diesen Monden Saft führt! Wehe! Frost sprengt seinen Stamm, kümmerlich wird er dem Frühling begegnen, und seine Wunde wird klaffen durch alle Sommer.

Hoch liegt der Schnee. Der furchige Acker scheint eben und glatt wie die Wiese. Zugeschneit sind die Gräben.

Von der weißen Bürde gebogen, hängen die Äste der Waldfichten tief nieder.

In der Dämmerung eines sterbenden Tages will der Fuchs, der in einer Waldinsel des Moores seinen Bau hat, nach Beute suchen. Mitten im beschwerlichen Laufe durch den Neuschnee bricht er ein. Die Schneebrücke eines Grabens ist zu schwach gewesen. Unten im Graben steht braunes Wasser. Er springt empor, einmal, ein zweites Mal, findet endlich unter dem Flaumschnee festen, gefrorenen Boden und läuft eilends heim. Die Haare seines roten Fells frieren zu Zotteln.

Beim nächsten Ausflug muß er vorsichtiger sein.

Das Eichhörnchen duckt sich im Nest über seine Eicheln, Bucheckern, Wal- und Haselnüsse.

Die Haselmaus verdöst die bange Zeit in ihrem engen, finsteren Erdloch.

Der Dachs, fett von der reichen Beute des Herbstes, liegt geknäuelt in seiner Höhle und zehrt von seinem Wanst.

Der Igel dämmert zwischen Einschlafen und Aufwachen; selten nur holt er Atem. Er rührt sich kaum auf seinem Lager aus Laub und Heu.

Zu lang fast wird dem Siebenschläfer die verschlummerte Zeit.

Wehe dem Tiere, wehe dem Winterschläfer, der sein Nest, seine Höhle, seinen Bau verläßt!

Das Gesetz des Lebens heißt das kleine Getier den Winter verruhen. Käme es aus dem Dunkel seiner Behausung hervor, es würde im Schnee versinken, und junge Flocken würden seine Gräber bedecken.

Kalte Nächte haben Dohlen und Krähen und Häher und Amseln von den Bäumen geworfen.

Rastlos spüren die kleinen Wintervögel hinter dem spärlichen Gewürm her. Jeden Zweig bepicken die Meisen.

Der Neuntöter, der im Erlengebüsch am Waldrande sein Nest geflochten hat, weilt nun im warmen Süden. Das ganze Jahr über hat er Käfer, Schmetterlinge, Bienen, Eidechsen, kleine Mäuse auf Dornen gespießt. In dieser kargen Zeit sind die gefrorenen Leckerbissen, die er zu nehmen vergessen hat, willkommene Labung für im Lande gebliebene Kleinvögel.

Mitten im Walde steht ein Riese, eine tote Tanne. Ihr Wipfel ist gebrochen. Vor vielen Jahren hat ein Blitz sie getroffen, ihre Rinde mit dem Brandstrahl gemerkt und das Harz entzündet. Die Blitzfurche ist verkohlt.

Graue Bärte, Flechten hängen von den Ästen des toten Baumes, dessen Leib aufgerissen ist.

Er ist das Gespenst des Waldes.

In seinem Stamme hat der Specht sich eine Wohnung bereitet. Er hat den Baum gehöhlt. Ein kleines, rundes Tor, ein kurzer, waagrechter Stollen, ein schräger Schacht nach oben und dann die große birnförmige Höhle nach unten, das ist seine Behausung, in die kein Wind blasen, kein Regen tropfen, keine Schneeflocke eindringen kann.

Je kälter die Tage und Nächte werden, desto hungriger wird der Specht.

Früh am Morgen ziehen er und sein Weib auf Beute aus. Sie suchen gierig, eifrig nach Baumgewürm. Ihr Revier ist groß. Sie behämmern laut die Stämme und schrecken Käferchen und Raupen auf. Oft kehrt eines von ihnen heim, um zu rasten. Aber nie, nie werden sie satt.

Böse Zeit!

Böse Zeit für alles, was lebt!

Am Rande der großen Waldblöße, auf Umwegen aus dem Moor kommend, rinnt der braune Bach. Er scheidet eine Strecke lang den Auwald von den Äckern, bis das Baumdickicht ihn aufnimmt.

Nun schickt der Winter sich an, ihn mit Eis zu panzern. Es wird sehr kalt.

In der Mitte der Waldblöße steht wie ein Wächter eine einsame Föhre. Von da ab dehnt sich eine eben verschneite Wiesen- und Ackerfläche nach Norden hin; aber noch vor dem ersten der vielen Hunderte von Moorgräben liegt ein kleines Gehöft, von Obstbäumen umgeben.

Im Baumgarten steht eine rohgezimmerte Hütte. Nach den drei bösen Seiten hin ist sie mit Brettern verschlagen, offen nur nach dem Süden, gegen den Berg hin. Fußhoch über dem Schnee hat die Hütte ihren Boden.

Ein Strohkorb steht darin.

Nichts regt und rührt sich rings um ihn. Dann und wann nur tänzelt eine Schneeflocke unter das Dach hinein.

Es wäre noch für fünf solcher Körbe Platz. Aber vielleicht hat die Göttin in früheren Wintern die anderen dem Tode zum Ernten geschenkt. Vielleicht hatte sie sie gezeichnet mit dem Male der Schwäche.

Der einsame Strohkorb steht leblos da. Er sieht morsch

und gebrechlich aus. Seine runde Kuppel, aus vergrauten Strohzöpfen geformt, droht einzubrechen. Das kleine Tor, das Flugloch, schmal nach Süden gähnend, ist unbewacht. Es müßten doch Wächter an der Pforte stehen, Hüter des einzigen Einganges zur Bienenburg!

Sind die Bienen, da der Korb so leblos aussieht, gestorben? Ist auch dieses eine Volk so wie die anderen, die wohl hier beherbergt gewesen sind, zugrunde gegangen? An Schwäche, an Kälte oder an einem Fehler ihrer Lebensführung?

Sind die Bienen im Herbste säumig gewesen, letzte Ernte zu sammeln?

Nein! Als das Land noch gastlich war, als Fülle herrschte auf den Wiesen, im Brachlande, im Walde, auf Stoppelfeldern, im weiten Heidemoor, da waren die Bienen Gast jeder Blüte, da hatten sie keinen Tag versäumt, keine Stunde vermüßigt, von den letzten Blumen zu holen, was sie ihnen boten.

Aus dem Grün der Felder hatte die Sonnengöttin die Skabiose gelockt, die weiße, die blaue, die purpurne, in unzählbarer Menge.

Unabsehbar, nicht auszubeuten waren die Milliarden Blütchen des Heidekrautes. Wie rote Glut leuchtete das Moor davon. Wenn ein Windhauch kam, so wirbelte er eine Wolke von Blütenstaub vor sich her, aber noch genug blieb für die Bienen übrig.

Sie waren wie im Taumel, zu holen, was zu holen war.

Sie schleppten ohne Rast den Blütenstaub heim, sie waren rastlos, den Nektar zu beuten.

Als wollte sie die Verlassenen trösten, hatte die Göttin ihr sinnvolles Abbild in den Herbst geformt: die Sonnenblume, die goldstrahlende. Wo sie blühte, im Wurzelgarten, in den Hausgärten der Dorfhäuser hinter dem Walde, die Friedhofsmauer entlang, da summte es von Bienen, und sie kehrten voll süßen Saftes, mit grauen Höschen angetan, in den Korb zurück.

Letztes Geschenk bot der Weißklee.

Im vergrauten Korbe hängen zehn Waben, alt und schwarz vom Gebrauch in vielen Jahren. Das sonst so goldene Wachs ist verdunkelt.

Ganz oben in der Kuppel, wo die Waben mit zähem Harz an das Stroh gefügt sind, lagert der im Herbst geheimste Honig. Daß er nicht säuere, haben die Bienen die Zellen mit Wachsdeckeln verschlossen.

In den Zellen unter den Honigkränzen liegt der Blütenstaub. Auch ihm könnte feuchte Luft Schaden bringen; damit es aber nicht geschehe, damit nicht Schimmel den kostbaren Wintervorrat zerstöre, haben die Bienen über jede Blütenstaubzelle ein wenig Honig gegossen, zähen Honig, der die verderbenbringende Luft vom teueren Gute abhält. So bewahrt liegen die Vorräte in der Korbkuppel gespeichert.

Aber unter den Vorräten, dort, wo die Waben leer sind, hocken die Bienen in dichter Kugel beisammen. Vollgepfercht, wie nie sonst im Jahre, sind die Gassen zwischen den Waben.

Sie, die Unermüdlichen, die immer Geschäftigen, sie, die Müdigkeit nicht kennen, denen Müdewerden Sterben bedeutet und denen Müdesein gleich dem Tode ist, sie sitzen nun untätig beisammen?

Wie dürfen sie bloß träge sein?

Sie haben einen harten Kampf gegen die Kälte des Winters zu führen. In dieser schlimmsten aller Jahreszeiten wagen sie es keineswegs, müßig zu weilen, denn es geht um Sein oder Nichtsein.

Tod des Volkes ist zwanzigtausendfacher Tod. Erfrieren ist zwanzigtausendfaches qualvolles Sterben.

Die Strohmauern des Korbes sind zu dünn und zu schwach, als daß sie aller Kälte, die draußen droht, wehren könnten.

Und draußen leben Sturm und Schneefall und Frost und Eiswind, draußen liegt das Bahrtuch auf der erstarrten Erde.

Der Winter ist den Bienen gefährlich. Der Tod wartet darauf, das Volk, die erntereife Traube, zu pressen. Schon hat er seine eisigen Hände um den Korb gelegt.

Stünde eine der Bienen am Tore, stünde eine außerhalb der Kugel, so geschähe es, daß ihre geringe Lebensglut sich nutzlos verlöre, daß die Kälte sie übermannte, denn um einander zu schützen, und damit die winzige Wärme, die ihre kleinen Leiberchen haben, nicht in die unendliche Welt verschwebe, haben die Bienen die Kugel geformt.

Es sollte wohl ein Mantel um die Bienenkugel gelegt sein, ein dichter, hüllender Mantel!

Aber welche Macht sollte dieses Wunder wirken, wer sollte es tun, wenn nicht die Bienen selber diese Hülle formten?

Dicht aneinandergedrängt, zusammengepfercht, so daß keine sich rühren kann, stehen Reihen von Bienen um einen fast ebenso dicht hockenden Kern anderer. Die Hinterleiber der äußeren sind, als ob sie mit dem Gifte ihrer Stachel drohten, ringsum nach außen gerichtet.

Der Winter läßt sich von den Stacheln nicht schrecken, seine Kälte dringt in die feinen Lufträume zwischen den Randbienen langsam ein.

Der übrige Teil des Volkes aber hockt, geschützt von den Kälteposten, innerhalb der Hülle. Diese Bienen können nicht so dicht gedrängt sitzen wie ihre Schwestern außen, sie müssen Raum haben, ihre Flügel zu rühren und zu fächeln, durch die Bewegung soll Wärme werden, Wärme, die sie den allmählich Verzagenden nach außen hinhauchen müssen.

Im Mittelpunkt der Kugel sitzt die Mutter, die Mutter aller.

Sie ist schlank und schmächtig geworden seit dem Herbste.

Das Volk ist um ihr kostbares Leben geschart.

Sie würde die letzte sein, die stürbe. Immer noch, auch wenn der Winter bis auf hundert Bienen alle dahinraffte, immer noch würde sie von den letzten hundert beschützt werden; die letzten hundert würden sich opfern für sie, und die letzten fünf Bienen würden eher sterben denn die Mutter.

Aber sie allein könnte wohl nicht einen einzigen Atemzug des Winters ertragen, und nichts, nichts wäre sie ohne die Töchter, so wie die Töchter bald nichts wären, wenn sie die Mutter verlören.

Ein zartes, feines Säuseln, als ob eine Himmelsorgel aus der Unendlichkeit hertönte, ist im Korbe.

Rasch schlagen die Innenbienen die Flügel und werfen denen am Rande sanfte Wärme zu.

Aber der Winter bläst die Wächter an, und sein Atem stiehlt sich in die Kugel ein, zwischen den Körperchen durch, tief und immer tiefer in die Traube, von allen Seiten her.

Und die Äußeren drohen zu erstarren. Die Wärme wird immer geringer, sie vermag kaum mehr, sie zu trösten.

Das Fächeln wird schwach, kaum hörbar.

Es ist wohl bald aus!

Hunger gesellt sich zum Frieren der Wächter.

Nein, wir bleiben nicht mehr hier heraußen! Wir erfrieren! Wir verhungern!

Und auch die Inneren packt Verzweiflung an, auch sie heulen auf:

Unsere Flügel sind müde! Wir können sie nicht mehr rühren! Zu kalt wird uns! Wir haben Hunger!

Und Tote fallen da und dort durch die schwarzen Wabengassen, erstarrt, erfroren.

Einige Sekunden lang ist Totenstille im Korbe.

Des Todes Hände wollen sich um die Traube krampfen, das Leben der zwanzigtausend Wesen zu keltern.

Als ob sie durch die Knochenfinger entwischten, eilen die von Kälte und Hunger völlig entkräfteten Hüllbienen hinauf zum Honigspeicher. Sie schlagen mit den Flügeln, und es geht ein Geheule wie ein lauter Sturm durch den Korb.

Sie schroten von Zellen die Wachsdeckel ab, hastig, saugen Honig aus den Tönnchen, nehmen davon in ihren Magen, bis sie satt sind, füllen ihre Honigblase und wenden sich dann, endgültig gesättigt und noch mit Vorrat versehen, wieder dem übrigen Teile des Volkes zu.

Sollen denn die Flügelschlägerinnen, die Kernbienen, da sie doch ebenso erschöpft und hungrig sind, wie die Randbienen es gewesen waren, sollen sie nicht auch ihren wohlverdienten Teil an Honig haben?

Teuer sind Sekunden, kostbar die Minuten, wenn das Verderben droht.

Die Flügelmüden rennen an den Kugelrand, die anderen, die Gesättigten, strömen zur Mitte.

Im Begegnen strecken die noch Hungrigen begehrend ihre Rüssel vor. Sie wittern Honig.

Willfährig bieten die Einströmenden ihren Schwestern

vom Überflusse. Rüssel an Rüssel verweilen Hungrige und Satte Augenblicke lang, und die Hungrigen nehmen vom Honig der Schwestern und laufen dann, gesättigt, an ihre Plätze.

Einige aber rennen von den Zellen, die sie geleert haben, ohne der Bettelnden zu achten, mitten durch das Gedränge zur Mutter. Sie reichen der sonst so Verwöhnten aus den Rüsseln die lebenerhaltende Kost.

Und dann verebbt das Geheule, und die Aufregung weicht satter Ruhe.

Es ist keine einzige hungrige Biene mehr im Volke. Und so satt sie auch alle sind, so ist doch kein Tröpfchen Honig verschwendet worden; jede hat so viel, wie sie eben braucht, um wieder leben zu können.

Durch das Drängen, Brausen und Rennen ist es im Korbe warm geworden, so warm, daß Schwaden abgebrauchter Stickluft durch das Flugloch entweichen.

Junge, gesunde, unverbrauchte Luft strömt nach.

Aber obgleich der Winter besiegt zu sein scheint, gehen die Bienen doch wieder bald daran, die Kugel zu formen. Und dabei tauschen alle ihre Posten: Die früheren Kernbienen stellen sich außen hin, und die anderen, deren Flügelkraft geschont geblieben war, erzeugen nun, beschützt vom neuen Bienenmantel, flügelwirbelnd Wärme.

Das Volk hängt locker beisammen; dennoch ist es warm genug im Korbe. Aber wie lange wird diese Wärme anhalten?

Der Ansturm des Winters ist glücklich abgewehrt worden. Wird das Volk aber auch stark und kräftig genug sein, alle anderen Anstürme zu überstehen?

Der Eindringling

Es kommen die Nächte der kaltklaren Sterne, es kommen die Tage, deren Nordstürme den Himmel rein fegen. Die Tage und Nächte der klirrenden Kälte sind da. Längst schon ist der Moorbach gefroren, längst schon panzert ihn Eis. Aber auf der Eisdecke ist vor Tagen noch flaumiger Schnee gelegen, nun haben ihn die Stürme fortgewirbelt, und der Panzer liegt blank und spiegelglatt.

Wurzelstöcke mit ihren Baumstrünken, die sonst das braune Wasser bespült hat, starren nun, vom Eis umklammert, aus dem Schnee der Uferböschung.

Der Fuchs sucht nach vielen durchfrorenen und durchhungerten Stunden seine Höhlen auf. In weit auseinanderliegenden Gehölzen hat er sie angelegt. Es kostet ihn harte Mühe, sich den Weg zu bahnen. Immer wieder sinkt er in den lockeren Schnee ein. Schwer wird ihm die Witterung, denn das Aas, unter Bäumen versteckt, ist gefroren. Wenn er dann endlich eine der Aaskammern gefunden hat, so reicht ihr Inhalt kaum hin, seinen großen Hunger zu stillen. Und auf dem Heimweg zu seinem Bau findet er seine eigenen Spuren nicht mehr. Der Wind hat sie verweht.

Wenn ihm doch dann und wann lebende Beute in den Weg käme!

Aber das Wild meidet, gefahrwitternd, die Waldinsel im Moor. Hasen zu beuten, liegt der Schnee zu hoch, der Boden ist trügerisch. Kann er denn ahnen, ob der nächste Schritt ihn nicht in eine nasse Tiefe stürzen läßt? In einen verwehten, Wasser führenden Graben? Schon einmal ist ihm das widerfahren, und vielleicht endet solch ein Abenteuer ein zweites Mal viel schlimmer!

Und überall lauern Jäger auf ihn. Kugeln haben ihn schon oft umpfiffen.

Die Rehe, die sonst so scheuen, jagt der Hunger aus den Wäldern bis an den Rand des Dorfes, das verschneite Saatfelder umsäumen. Sie strampfen den Schnee von den grünen Halmen und äsen.

Hilflos kauern die Hasen in ihren Nestern. Der Sturm kräuselt den Flaum ihrer Felle.

Der Igel kann sich kaum noch dichter rollen.

Das Eichkätzchen friert.

Mager wird der Dachs.

Am Waldsaum hat der Nordsturm das Heidekraut entblößt. Die sonst tief purpurroten Blütchen sind verblichen und vergilbt. Die Blättchen, die wie kleine Tannennadeln grün und dicht an den Zweigen standen, sind tot und braun geworden.

Die Birken im Moor, auf den Torfstichen, kommen nicht zur Ruhe. Der Wind schüttelt ihre Äste.

Es ist gut, daß die Bäume und Büsche ohne Saft stehen. Würde er denn nicht frieren? Es bliebe kein Tröpfchen flüssig. Die Adern der Äste, die Äderchen der Zweige würden eisstrotzend werden, und ein geringer Windstoß würde Ast und Zweig spellen und splittern wie Eiszapfen.

Da aber Baum und Strauch dem Gebote willfahren, da sie ihre Zeit abwarten, vermögen weder Frost noch Sturm ihnen zu schaden. Nur die kranken, morschen und moderigen Äste fallen zu Boden.

Großes Weh bringen die Tage allem Lebenden.

Immer größer wird die Zahl der toten Bienen.

Alle dreiundzwanzig Stunden, wenn die Kugel sich löst, wenn die hungrigen Randbienen zu den Honigzellen laufen, um neue Kraft zu holen, wenn die Innenbienen die Einströmenden anbetteln und gesättigt zu ihren Plätzen an den Rand der Kugel eilen, fallen aus der gelockerten Traube die Gestorbenen und regnen auf das Häufchen der toten Schwestern.

Nur durch sparsames Haushalten mit Vorrat und Kraft kann das Volk dem Winter widerstehen, nicht anders. Es darf kein Tröpfchen Honig verlorengehen oder unnütz verbraucht werden.

Es sterben immer zuerst die Ältesten, sie sterben, aber sie helfen bis zu ihrem letzten Augenblick Wärme machen und die Schwestern bewahren. Das Honigtröpflein, das sie vor zwanzig Stunden bekommen haben, ist nicht vergeudet gewesen, ist nicht unwirksam geblieben. Nun sterben sie, denn ihre Zeit ist um. Ihre Flügel sind von der Herbstarbeit zerzaust, zerrissen von den Fichtennadeln, durch die sie sich, den Honigtau holend, gedrängt hatten.

Was aber wird aus dem Volke werden, wenn der Tod immer und immer wieder solche Ernte hält? Wie wird das enden, wenn das Häufchen Toter unter den Waben von Tag zu Tag größer wird?

Der Vorrat an Honig wird im Verlaufe der Wochen geringer. Schon mehr als tausend Krüglein sind leer getrunken, und vielleicht tausend andere nicht mehr voll.

Wehe einer Biene, die sich in eine unbewohnte Gasse verirrte, wehe einer, die sich vom einströmenden Lichte verlocken ließe, zum Flugloch zu kriechen, damit sie schaue, ob denn die Göttin mit den Strahlen nicht auch Wärme schickt.

Aber keine Biene bricht das Gesetz, keine tut Unnötiges, keine nimmt mehr, als sie braucht, keine verrichtet anderes, als es der Augenblick verlangt, und jede fügt sich dem Ganzen.

So werden die Vorräte reichen. Werden sie reichen? Wenn doch der Winter nicht so lange dauern möchte! Es fallen Krähen tot von den Bäumen. Es erstarren Vögel in den Nestern. Rastlos hämmert der Specht die Bäume ab. Wie oft hat er sie alle schon beklettert und beklopft! Die Maden und Puppen sitzen tief im Holze. Bloß ein einziges Würmchen zu erbeuten, kostet ihn Mühsal über Mühsal. Es kommt oft genug vor, daß er ein großes Loch vergebens gehauen hat, daß seine klebrige Zunge darin kein Käferchen erlangen kann.

Eines Tages treibt ihn der Hunger aus dem Walde hervor.

Er flattert durch die Au, über den Moorbach, über die große Waldblöße und fliegt zur einsamen Föhre.

Sein Ruf klingt wie schadenfreudiges Lachen.

Wartet nur, ihr Käfer und Larven, ihr werdet mir nicht entrinnen!

Aber die Föhre, allen Winden preisgegeben, ist von Lebendigem gemieden. Unter ihrer Borkenrinde hockt keine Spinne, keine Puppe, und nirgendshin hat ein Insekt seine Eier gelegt.

Umsonst beklopft der Specht den Stamm und die Äste.

Er äugt eine kurze Weile verzweifelt umher.

Dort! Ein Baumgarten! Ein Wald von Obstbäumen! Er fliegt hin, dem Nordwind entgegen. Fraß erhofft er, etwas für den leeren Magen…

Er wird kundschaften, dann eilends zurückfliegen, sein Weibchen zu rufen.

Die Obstbäume sind ihm bittere Enttäuschung.

Auf und auf sind die Stämme mit Kalk beschmiert, so weiß wie Schnee. Die Äste sind von allem Schorf gereinigt. Wunden, sonst Niststätten allerlei Gewürms, sind säuberlich ausgeschnitten.

Auch die Mistel, die Beeren geschenkt hätte, ist im Geäst nirgends zu finden.

Schon will der Specht, nachdem er alle Bäume beschaut hat, wieder in den Wald zu seinem Nistbaum fliegen; schon schickt er sich an, sich vom Stamme wegzuschwingen, da erspäht er, kurz vor dem Auffluge, die Hütte mit dem Korb darin.

Er hat das Gefühl, daß dieser Klumpen dort hohl sei.

Er spürt, daß der Korb Beute birgt.

Er flattert darauf zu.

Und dann haken sich seine Krallen ins Stroh. Mit dem kräftigen Schnabel pocht er ans Geflecht und horcht.

Wie es da drinnen braust!

Tausend Käfer können nicht solchen Lärm machen, wie dieses Gekerf in dem Korb.

Ringsum duftet es süß.

Der Vogel hämmert beutesicher darauf los. Das Stroh fliegt wie Häcksel.

Die Bienen brausen, heulen.

Gefahr!

Wer hämmert und trommelt an der Strohmauer?

Rettet euch! Rettet euch! Man will uns vertreiben!

Alle stürzen entsetzt zu den Honigzellen.

Nehmt Honig mit, daß wir nicht verhungern müssen in einem neuen Heim!

Eine Unmenge Zellen werden in der Hast aufgerissen.

Die Scherben der Wachsdeckel fallen wie Schneeflocken nieder, auf die Toten.

Ein wirres Durcheinander.

Der ganze Stock dröhnt von den Hieben.

Saugt euch voll! Nehmt Vorrat!

Übervoll saugen sich die Bienen. Ihre schlanken Leiber schwellen an.

Die Mutter rennt verzagt umher. Ihre Hüterinnen versuchen, sie, die über alle Maßen Erschrockene, zu beruhigen, und kreisen sie ein.

Es wird warm in den Gassen.

Es dröhnt, es dröhnt.

Die Bienen heulen. Immer wieder.

Ein Feind! Ein Feind ist draußen!

Tötet ihn!

Einige Zornerregte klettern ans Tor.

Die Eiskälte mordet sie. Erstarrt fallen sie nieder und kollern zu den Toten.

Andere folgen. Wieder andere.

Verloren! Wir sind verloren!

Bald wird der Specht das Loch fertig haben.

Es kann keine Biene mehr an ihrem Platze bleiben.

Hütet die Mutter!

Die Mutter ist kaum zu besänftigen; ein kleiner Bienenknäuel hält sie gebannt, daß ihr kein Unglück widerfahre, damit, wenn alle zugrunde gehen müßten, wenigstens sie gerettet werde.

Wäre der Feind nur erst im Korbe! Hunderte würden ihm ihre Stacheln in den Leib jagen. Zu anderen Zeiten würde er schon jetzt überwältigt sein und fliehen oder sterben müssen. Aber die Kälte!

Die Kälte!

Laßt ihn nur kommen!

Vor Aufregung taumeln die Bienen durcheinander. Der Feind läßt nicht nach.

Das werden die Armen nicht überstehen!

Ein Klumpen Bienen rollt sich ans Flugloch.

Der Tod hält reiche Ernte: Die Erstarrten fallen längs der Strohwand hinunter.

Es wird aus sein mit dem Volke.

Ein Hieb noch, oder zwei, und das Loch wird fertig gehauen sein.

Plötzlich ertönt ein scharfer Knall, dann ist es ruhig, nur ein dumpfes Aufklatschen draußen.

Schwere Schritte kommen: Der Schütze, ein Bauernbursche, holt seine Beute.

Die Spechtin wird lange warten müssen auf ihren Gemahl, und sie wird schließlich vergeblich gewartet haben.

War es draußen rasch ruhig und still geworden, so legt sich das Geheule der geängsteten, erschreckten Bienen nur langsam. Mit dem Aufhören des Klopfens hat jedoch die Kälte nicht nachgelassen, und wollen die Bienen nicht durch sie zugrunde gehen, so müssen sie nun wohl oder übel wieder das Winternest formen.

Viele, viele Stunden vergehen, bis sie wieder zur Ruhe kommen.

Groß ist die Zahl der Alten, die den Tod erlitten haben, aber auch viele der Jungen sind bei diesem Überfall gestorben. Vorräte sind verschwendet worden.

Was haben sie nun von ihren vollen Mägen, von den vollen Honigblasen? Hätten sie doch gute Wärme, daß sie den Honig, den sie so reichlich bei sich tragen, gut verdauen könnten und daß er ihren Leibern nicht zu beschwerlicher Last würde!

Vielleicht wird ihr Kot die Waben, die Zellen und die Strohwand besudeln, wenn sie die Ruhr heimtückisch befällt.

Die Mutter, in der warmen Nestmitte, hat wieder ihren Frieden gewonnen.

Aufs neue tastet sich die Kälte bis zu ihr vor.

Rückt zusammen!

Zusammenrücken und Auseinanderquellen, das geht nun ein paar Tage so dahin, und es ist, als wäre nie ein wüstender Specht, nie ein Störenfried dagewesen. Im gleichmäßigen Verlaufe der Tage ist die Ruhrkrankheit gebannt worden.

An einem späteren Tage, es ist neblig und frostig kalt, stellt sich ein kleiner Gast ein, ein viel kleinerer als der Sprecht es gewesen ist.

Ganz unten am Boden, wo der Korb auf dem Brette liegt, beginnt ein feines Knabbern und Nagen.

Eine graue, halbverhungerte Maus hat Süßes gewittert. Einen Eingang zu finden, ist sie um den Korb herumgelaufen und über die Kuppel und rund um die Strohwand gerannt, aber in der eiligen Hast hat sie das Flugloch übersehen.

So hat sie, um in den Korb gelangen zu können, ein Loch nagen müssen.

Die Bienen sind ein wenig aufgebraust, aber dann, als sie sich an das kleine Geräusch des Nagens gewöhnt haben, sind sie wieder still geworden. Nun kümmern sie sich nicht mehr darum.

Nicht lange dauert es, so hat die Maus den Schlupf fertig. Er braucht nicht groß zu sein, denn sie ist ja mager. Sie zwängt sich durch, und mit einem letzten Ruck ist sie im Innern des Korbes.

Tiefe Dunkelheit umfängt sie; ihre Augen, noch von dem Schneelicht draußen geblendet, vermögen nichts zu sehen. Was sie zuerst wahrnimmt, ist ein Schwall von allerlei Gerüchen.

Wenn sie sich auf die Hinterpfötchen stellt und mit der Nase nach oben schnuppert, so riecht es ungemein süß. Unten aber, am Boden, liegt Säuerliches.

Und es rauscht und säuselt von oben wie aus einem Walde, wenn im Hochsommer die Sonne ihn schwelen macht und ein sanfter Wind die Baumkronen rührt.

Nun haben sich ihre Augen an die Dämmerung gewöhnt, und sie sieht den Berg von Bienenleibern, den ganzen Haufen all des Eßbaren.

Einen der Bienenleichname nimmt sie sich her, beißt hinein.

Brrr! So etwas Weiches, Glitschiges! Wie weich doch der kotgefüllte Hinterleib einer toten Biene ist! Das ist nichts für eine richtige Maus! Eine Maus will etwas zwischen den Zähnen haben, etwas Hartes, Festes, eine Maus will nagen!

Sie wäre vielleicht an der Strohwand entlang in die Kuppel geklettert, denn der süße Geruch hat sie so sehr gelockt; sie wäre vielleicht emporgekrabbelt, wenn sie nicht im letzten Augenblick, schon an die Wand hinlaufend, mit einem Füßchen das harte Bruststück der angebissenen Biene ertastet hätte.

Mit ihren spitzen Zähnlein beißt sie darein.

Fettes, süßes, köstliches Fleisch!

Sogleich auch weiß sie, wie sie es am leichtesten und schnellsten erreichen kann:

Sie legt die tote Biene so, als sollte sie zu laufen beginnen, vor sich hin, hält mit dem einen Vorderpfötchen den Kopf, mit dem anderen den weichen Hinterleib nieder, setzt die scharfen Zähne an den oberen Teil des Brustpanzers, hebt ihn mitsamt den Flügeln ab und hat das schöne, rötliche Fleisch vor sich. Wie in einer Schale liegt es da, und es löst sich leicht aus ihr.

So langt sich die Maus eine Biene nach der anderen her und knabbert mit größtem Wohlbehagen.

Als sie gerade im besten Fressen ist, geschieht etwas Unerhörtes:

Ein Ding fällt mit der Wucht eines Hagelkorns auf sie.

Und sie zuckt zusammen, reißt sich herum, flieht in

Todesangst zu ihrem Schlupfe und zwängt sich hinaus. Das geht viel schwerer als das Hereinschlüpfen, denn sie ist nun vollgefressen und dick.

Von einer herabfallenden Toten hat sie sich schrecken lassen!

Einige Stunden hält die Angst der Maus an, gerade so lange, wie sie sich satt fühlt; als sie aber wieder Hunger spürt, überwindet sie ihre Furcht und schlüpft durch das Loch zum reichen Beuteplatz.

Die Bienen sitzen eben wieder ganz eng beisammen; zum dichten Knäuel ist die Kugel geworden, und bald wird der Zeitpunkt da sein, daß die Innenbienen vor Müdigkeit und Hunger ihre Flügel nicht mehr zu rühren vermögen, und bald auch werden die Randbienen zu den Futtertöpfen rennen und für sich und ihre Ablöser Nahrung holen müssen.

Eine Stunde noch ist es bis dahin.

Das neuerliche Einschlüpfen der Maus beunruhigt sie ein wenig, aber es ist nicht so sehr der Lärm, den sie dabei verursacht, als viel, viel mehr ihr Geruch.

Wie widerlich ist ihnen dieser dämmige, scharfe Pelzgestank!

Besonders die unteren, die dem Boden am nächsten Hängenden, besonders die sind es, die unwillkürlich aufraunen.

Was sollen sie tun?

Sie dürfen nicht in die kalte Zone des Todes dringen, sie dürfen die Traube nicht verlassen. Schon ein kleines Stück von der Kugel entfernt ist es lähmend kalt.

Unselig ist das Leben, wenn die Göttin ferne ist! Kommt sie nicht bald mit ihrer Wärme in das Land?

Das Volk ist klein geworden, und die Zahl, die Unzahl der Toten, ist unheimlich gewachsen.

Mehr als zwanzig Bruststücke hat nun die Maus geöffnet, aus mehr als zwanzig Schalen hat sie das Fleisch gefressen, da fällt es ihr ein, statt ihrer Wege zu gehen, in die Kuppel emporzuklettern.

Sie geht nicht an der Strohwand entlang, nein, eine leere Wabengasse nimmt sie als Weg.

Ihr Schritt tönt durch das kalt-spröde Wachsgebäude, er hallt durch den ganzen Korb.

Droben in der Kuppel, den Honig riechend, benagt sie Zellen.

Sie wüstet in den Honigwaben.

Sie ist wie betrunken vor Gier. Sie frißt ihren Wanst übervoll. Sie überhört das Geheule des Volkes.

Einige Bienen lösen sich in großer Erregung von der Kugel los. Der scharfe Mausgeruch reizt sie.

Zwanzig, dreißig stürzen sich mit einem Male auf die Maus, krallen sich in ihrem Felle fest, krümmen die Hinterleiber und jagen ihr in Zorneswut die giftigen Stacheln in den Leib.

Zu spät tut die Maus den Sprung zu Boden. Zu spät!

Die Bienen sitzen fest in ihrem Felle. Hart und scharf klingt ihr Stechton.

Unheimlich wirkt das Gift.

Das kleine Herz der Maus rast.

In ihrer Aufregung findet sie den Schlupf nicht, rennt daran vorbei, und als sie ihn erblickt, von der anderen Seite her, da ist es mit ihr vorüber.

Das Gift hat sie gelähmt. Das Herzchen versagt, tot bleibt sie liegen. Und auch die Bienen, die in ihrem Fell verkrampft sind, auch sie sterben. Sie haben mit ihren Stacheln das Leben geopfert. Aber das Leben der vielen ist gerettet!

Erste Arbeiten

Wochen vergehen. Das Licht kommt früher als bisher ins Land, und länger verweilt es. Die Tage wachsen.

Aber immer noch will die Göttin Sonne ihre Macht nicht groß sein lassen. Wohl flutet ihr Licht durch die kalte Luft, wohl gleißt und glitzert das weiße Land, aber noch immer ist es nicht warm.

Es geschieht einmal, daß die sonst so kleinen und kalten Sterne feuchtschimmernd werden. Sie sehen so groß aus, als wären sie ganz nahe an die Erde gestellt und als könnte ein einziger Sturmstoß sie alle auf einmal ausblasen.

Vor einer Mitternacht hören die Waldbäume, wie von freundlicher Hand besänftigt, zu schaukeln auf und stehen da, als ob sie voll der Erwartung eines Ereignisses wären.

Am Boden überm Schnee liegt Nebel, bleigrau, schwer. Er ist über das Moor hingebreitet, und die Bienenhütte unter den Obstbäumen ist darin verborgen.

In den Wald vermag der Nebel nicht einzudringen. Da glänzt der Schnee, wie mit spiegelndem Wasser übergossen. Das flimmernde Licht aller Sternenmillionen lebt darin.

Bang und unruhig ist das Wild.

Geängstigt warten die Rehe im Gehege. Der Schnee ist ihnen unheimlich, sein Leuchten wandelt die Nacht zum Tage. Eine harte Kruste panzert ihn, und sie sieht aus, als hielte sie auch den dünnen Füßen des Wildes stand. Aber wie trügt sie doch! Sie sinken tief ein, sie brechen durch, und beim Herausziehen reißen die scharfen Bruchkanten die Läufe wund, und so ist manche Spur blutgerötet.

Unter dem Harsch liegt weicher, nasser Schnee.

In eine lautlose Stunde, in der sich nichts rührt und regt, geistet der Klang einer dem Lande fremden Glocke. Es ist, als käme er aus dem Berge hervor oder von irgendwo hinter dem Berge, vielleicht von der Kirche eines südlich gelegenen Dorfes.

Der Glockenruf kündet die zweite Stunde.

Den Fuchs gelüstet nach dem Aas. Erst heute verrät es sich durch den scharfen Geruch.

Weshalb aber wagt er sich nicht aus seinem Bau? Bodennebel würden ihn verbergen, kein Jäger könnte ihn erspähen.

Weshalb tun die Rehe keinen Schritt aus ihrem Gehege? Des trügerischen Schnees wegen? Wie oft war er schon dem heutigen ähnlich, und sie betraten ihn doch!

Die Winterschläfer werden in dieser Nacht unruhig.

Die Bienen brausen lauter denn je in ihrem Korbe und wollen nicht stiller werden.

Vor der dritten Morgenstunde schlägt ein Sturmstoß in das bange Schweigen des Landes. Er biegt die Wipfel, er schüttelt die Bäume und entblößt sie des Schnees. Donnernd fällt die Last zu Boden.

Morsche, kranke Äste brechen.

Der Sturm peitscht die Nebelschwaden über den Schnee hin und jagt sie hoch.

Der Wald heult.

Die Moorbirken beugen sich tief.

Der Sturm bringt Wärme aus dem Süden mit; er hat die Wildheit, die Kraft ewig sonniger, ewig von der Göttin durchströmter Länder.

Der trotzige Schneepanzer wird weich.

Der Berg ist blau geworden; es wehen Wolken über ihn her, und die Wolken schütten warmen Regen aus.

Der Regen hält bis weit über das Morgendämmern an. Der Südsturm jagt die Wolken, die er gebracht, am Vormittage noch fort, und dann ist der Himmel rein, und es ist nur noch ein einziges großes Licht und Leuchten im Lande.

Kein Wölklein fährt durch das Blau.

Der Schnee ist in seiner Kränklichkeit demütig geworden. Er schmiegt sich armselig den Ackerfurchen, den kleinen Maulwurfshügeln an und weint den Schoß der Erde naß.

Im Moor zeigen sich dunkle, braune Gräben, und schwarz fließt das Wasser darin.

Das Eis des Moorbaches ist rostig geworden; über den Eispanzer hin rinnt ungestüm Schmelzwasser. Eisschöllchen treiben; sie wollen das gespiegelte Bild des blauen Himmels, der eitlen Uferbüsche, die sich schon vorfrühlingshaft gebärden, zerstören. So heimtückisch und boshaft sind die sterbenden Winterdinge.

Das ist wohl so:

Nur die Göttin war es gewesen und niemand anderer, die den Föhn vorausgeschickt hat, damit er das Eis breche und den Schnee senge. Sie hat den brennkalten Schnee wohl nicht mit ihren heiligen Füßen betreten wollen.

Nun streichelt sie mit liebenden Händen den Bienenkorb. Es ist, als ob sie den Bienen sagte:

Kommt, ihr Lieblinge! Kommt in mein Licht! Ich habe den Winter vertrieben! Ich werde die Blumen erwecken, ich werde die Büsche, die Bäume begrünen! Kommt, ihr meine Priesterinnen, und beginnt euer Werk!

Sie hatten das Nahen der Göttin schon die ganze Nacht über geahnt. Sie waren in der Stille erregt und im Gebrause des Sturmes frühlingstoll gewesen. Unbändig sind sie geworden.

Sie haben nur auf das Wort, auf den warmen Strahl gewartet.

Nun schwirren sie aus dem Stocke hervor, summen, surren und singen. Eine nach der anderen tritt über die Schwelle.

Ehe sie vom Tore auffliegen, bewegen sich heftig ihre kleinen Hinterleiber: Sie atmen gierig die warme Luft ein. Und sie putzen mit den Füßen ihre großen Augen rein und fliegen dann auf und tummeln sich vor dem Korbe.

Die älteren Bienen dürfen sich ohne Sorge weit weg wagen: In den Wald der noch kahlen Obstbäume, auf die Blöße, ins Moor, überallhin. Von den tausend Flügen im Vorjahre ist ihnen der Heimweg bekannt, und kein Ort ist, von dem aus sie ihren Korb nicht wieder fänden.

Sie fliegen hoch über dem fahlen Schnee. Sie lassen die Last, die ihre Därme beschwert hatte, zu Boden fallen.

Aber es sind auch im Spätherbst geborene Bienen im Stocke, und die haben noch nie die Göttin geschaut und nie haben sie ihren Wohnkorb von außen gesehen.

Ihre Leiber sind unversehrt: sie tragen noch die Haare; ihre Flügel sind unzerrissen.

Es ist der erste Tag in ihrem Leben, daß sie ihre Behausung verlassen dürfen, und voll Übermut und Freude werfen sie sich in die reiche Wärme.

Sie müssen aber ganz nahe beim Korbe bleiben! Eine kleine Wolke junger Bienen umschwirrt das Tor.

Es kommen immer neue hervor, und da ihre tausend und aber tausend kleinen Netzaugen blank in die Ferne schauen möchten und kein Stäubchen das Bild trüben soll, streifen auch sie mit den Beinchen darüber.

Ihre drei Punktaugen, hoch auf dem Scheitel des Kopfes, können die Weite des Landes nicht überschauen, aber im Dunkel des Stockes, in den Wabengassen, wo alles eng und nahe ist, da tun sie tüchtig ihren Dienst.

Sie drehen ihre Köpfe eifrig, als ob sie alles, alles auf einmal sehen wollten, sie drehen sie hierhin und dorthin. Endlich schwingen sie sich auf. Aber da sie, wenn sie ins Weite flögen, nicht mehr heim fänden, bleiben sie sehr nahe beim Korbe. Sie wenden sich von ihm nicht ab. Sie schauen ihn groß an, und nicht ein einziges Mal tun sie einen Blick von ihm weg. Sie fliegen im Kreise vor dem Tore, kreuz und quer. Endlich wagen sie größere Runden, schießen dann geradenwegs auf das Flugloch zu, prüfen das Erlernte in immer größeren Bahnen und wagen es allmählich, das Gesicht von ihm abzuwenden und sich eine nicht zu große Strecke von ihm zu entfernen, um ihn dann aufs neue zu finden.

Alles, was sie im Fluge schauen, prägt sich ihnen ein und wird beim Heimweg zum Wegweiser.

Einige haben sich beim Tore postiert. Sie haben ihre Fußkrallen fest in das Stroh geklammert; stünden sie bloß so da, so würden sie von ihren wirbelnden Flügeln davongetragen werden.

Ihr Hinterleib ist weit ausgestreckt; an seiner äußersten Spitze reckt sich den Anfliegenden ein dreieckiges Schildchen entgegen. Ihm entströmt des Volkes ureigenster Duft.

Wenn die Anlangenden, die Herzugeflogenen in den Bereich dieses Duftes gelangen, der ihnen entgegengewirbelt wird, brauchen sie nicht mehr zu zögern, ans Flugloch zu kommen.

Vier, fünf Arbeitsbienen betasten mit den Fühlern die Ankömmlinge, beriechen ihre Körper. Keine Biene kommt ungeprüft in ihre Wohnung, und eine Fremde, eine, die sich von irgendwoher verirrt hat, würde unbarmherzig gestochen werden, wenn sie mit Gewalt in den Korb eindringen wollte.

Während sich die Jüngsten zu ihrem Nutzen und zum Heile des Volkes noch spielend vor der Bienenhütte tummeln, während sie draußen im Lichte der Göttin und in der geschenkten Wärme schweben, um alles, was ihre Augen schauen, für das kleine Leben inne zu haben, während sie das Wunder ihrer späten Auferstehung ins Licht feiern, beginnen die Älteren ein wichtiges Geschäft:

Der Boden ist voll besät mit Toten.

Dem Leichenhaufen entströmt übler Verwesungsgeruch.

Auch der faulige Odem der vor Wochen getöteten Maus, die bisher durch die Kälte vor Fäulnis geschützt war, widert die Bienen an.

Sie packen die Toten, umkrallen sie fest, rennen mit ihnen ans Flugloch und schwingen sich hinaus, kreisen vor der Hütte und summen einen tiefen dumpfen Ton dabei. Ihr dunkler Flugton wird erst höher, wenn sie ihre Last abwerfen und die Toten in den wässerigen Schnee fallen lassen.

Die Trägerinnen kehren dann schnell in ihre Wohnung zurück, und die Wächterinnen, die sie beschnuppern, lassen sie willig ein.

Die toten Schwestern sind schwer, ihre Hinterleiber sind gärend gequollen, und die Trägerinnen müssen alle Kraft aufbieten, sie zu tragen.

Viele Hunderte solcher Schleppenden sind bemüht, den Stock, das Bodenbrett rein zu machen. Und bald ist der sterbende Schnee vor der Hütte mit schwarzen Punkten übersät, und diese dunklen Punkte, das sind die Wintergestorbenen, die Abgeworfenen. Ihre letzte Wärme verstrahlend, graben sie sich selber den Grabschacht und sinken tief in den Schnee.

Von den Jüngeren, die sich schon eingeflogen haben, helfen nun einige den Arbeitenden, und so geht alles viel schneller. Das Bodenbrett wird bald gesäubert sein, bald wird keine einzige benagte Biene mehr im Stocke liegen. Die Maus ist schwieriger und überhaupt kaum zu bewältigen. Sie ist nicht vom Platze zu rühren, um keinen Ruck zu bewegen.

Es sind die Veteranen der Bienen, die sich über die Leiche hermachen. Ihnen sind bloß noch Tage, Stunden zugemessen, und vielleicht lägen sie schon jetzt tot auf dem Boden, wäre die Sonnengöttin nicht gekommen. Sie, die ältesten der Arbeiterinnen, nehmen sich des toten Ungeheuers an. Mit zornig gereiztem Gesumme reißen sie Stück für Stück von dem verwesenden Aas. Sie zernagen das Fell, sie teilen das Fleisch und tragen die Brocken ins Freie. Sie zerreißen die Lunge, sie zerbeißen das Herz, sie schälen das Gehirn, die Augen aus den Höhlen.

Und noch ehe die Göttin den Tag verläßt, noch vor dem Abend, liegt dort, wo früher das unförmige stinkende Ding gelegen hatte, ein zierliches, weißes Skelett. Kein Glied, nicht das zarteste Beinchen ist gebrochen. Die Pfoten sind von jeder verweslichen Faser gesäubert, und aus dem kleinen beinernen Maul stehen grimmig die spitzen und scharfen Zähne. Wie eine Kette aus feinsten Perlen liegt der Mäuseschwanz da.

Manchmal haben eine Biene, die eben dabeigewesen war, einen Fleischbrosen aus dem Korbe zu tragen, mitten im Fluge alle ihre Kräfte verlassen, und dann ist sie sterbend, die Last noch umkrallend, auf den kalten Schnee gefallen. Viele hatten versucht, sich zu erheben, die Flügel zum Auffluge zu rühren, aber sie waren schon zu schwach dazu, und auch die letzten matten, in sich ersterbenden Zuckungen haben bald aufgehört.

Keine einzige Biene des Korbvolkes ist unnütz oder untätig.

Einige wagen weite Erkundungsflüge über das Moor, zum Walde. Sie suchen nach Blüten. Aber das ist ein verfrühtes Beginnen, denn noch kein Blättlein ist einer Knospe entsprungen, und noch keine Blüte hat die Hülle gesprengt.

Die Gerten der Büsche und Stauden ragen kahl in die Luft.

Den Suchenden droht kalt der Waldschatten. Sie müssen unverrichteter Dinge heimkehren, aber sie finden da genug zu tun vor.

Hat denn die Maus nicht ein Loch in die Wand gebissen? Und fährt nicht die im Schatten hinter dem Korbe kalt gewordene Luft schneidend durch den Schlupf?

Er muß zugemauert werden.

Der Korb ist innen auf und auf mit festem Harz überkleidet, jedes Ritzchen ist damit ausgepicht, und wo Schründe zwischen den geflochtenen und gefügten Zöpfen waren, dort haben die Bienen diese Unebenheiten überbrückt und die Löcher und Fugen mit dem Kittharz ausgefüllt.

Mit diesem zähesten und festesten aller Baustoffe der Bienen sind auch die Waben an die Kuppel und an die Wände gefügt. In reicher Menge ist er da. In verflossenen Herbsten haben Harzbäume und Harzpflanzen genug davon geschenkt.

Und dort, wo dieses Harz im Korbe zu reichlich verwendet worden ist, bewärmen es die Bienen nun, damit es weich und knetbar werde, dann nehmen sie mit ihren Zangen kleine Stücke davon, um sie an die Baustelle zu tragen. Dort verbinden sie, verkneten sie Brosen mit Brosen, und so wird der Mausschlupf kleiner und kleiner.

Von den entlegensten Bezirken ihres Stockes holen sie das Bauharz.

Aber nicht nur um das Loch zu vermauern, wenden sie an das Kneten und Bringen so viele Mühe, nicht nur um der kalten Luft den Durchzug zu wehren, sie wollen auch das Gerippe der Maus damit überziehen. Denn wenn auch das Gebein bar der letzten Fleischfaser ist, so riecht das bienenfremde Ding doch noch immer widerlich genug, und das Leblose bliebe Feind, solange es nicht den besonderen Volksgeruch der Bienen angenommen hätte.

Die Zehen, die Zähne, die Rippen, den kleinen Kopf, die Knorpel und selbst die zarten Glieder des Schwanzes umkleiden sie mit dem duftenden Stoffe.

Viele werken daran, aber keine Arbeiterin steht der anderen hindernd im Wege.

Und während sie alle kneten, bauen und überkleiden und allerletzte Krumen vom Bodenbrette auflesen und in den Schnee werfen, versinkt die Himmelsgöttin rotstrahlend im Westen, und nur kühle Schatten bleiben im Lande.

In diesen wenigen warmen Stunden ist alles, was zu tun gewesen ist, was hat geschehen müssen, geleistet worden. Das Bodenbrett ist rein, kein Flügel einer Toten, kein Scherben eines Wachsdeckels liegt mehr da. Das Gerippe der Maus ist glatt und fein mit Harz umkleidet, und nun mag es liegenbleiben für alle Zeiten. Auch der Schlupf ist zugemauert, und kein böser Lufthauch kann sich hereinstehlen.

In der Abendkühle sinken Nebel zur Erde.

Da kehren die Wächterinnen vom Tore und die Arbeitenden von den Werkplätzen in die Wabengassen zurück, um die Wärme, die die Göttin freigebig geschenkt hatte, im Korbe zu bewahren.

Was aber hat die Mutter an diesem sonnewarmen Tage getan? Ist sie müßig auf ihrem Platze sitzen geblieben, ist sie ruhig geblieben, während die anderen tätig waren?

Auch von ihr hat der Taumel der Auferstehung, das zum Leben drängende Aufwachen Besitz ergriffen.

Die Hüterinnen hatten ihr den ganzen Winter über nichts anderes gegeben als bloßen Honig, und es war gut, daß sie ihr nicht den ihr eigentlich zukommenden Futtersaft gereicht hatten, denn da wären in ihrem Leibe Eierchen gereift, und dazu war doch die Zeit nicht gekommen; die Bienen hätten die Brut nicht pflegen können. Sie hatten die Mutter vor dem Untergange, vor dem Sterben bewahren müssen!

Und wie der Schnee die Wurzeln bewahrt, wie er den Frost abgehalten hatte vom schlafenden Gräslein, von rastender Saat, vom ruhenden Würzlein, so hatten auch die Bienen ihr Würzlein, die Mutter, beschützt; bewahrt vor dem Tode, bewahrt auch vor zu frühem Aufleben.

Die Garde der Mutter ist in den Speicher emporgestiegen, und jede der Hüterinnen hat zum ersten Male in diesem jungen Jahre Blütenstaub aus den Zellen geholt. Sie haben die feinen würzigen Körner genommen und einen Tropfen Honig dazu getrunken. Aus ihren großen Kopfdrüsen ist kostbarer Saft in das Gemenge geflossen, Lebenssaft, und, zur Mutter zurückkehrend, haben sie den Brei gemischt und ihn ihr dann gereicht.

Die Königin hat den Wunderbrei getrunken.

Einige Bienen haben mit ihren Bienenaugen die Zellen beschaut. Das waren die wärmsten Zellen in der Mitte der aufgelösten Bienentraube. Und wenn sie ein Stäubchen, ein Häutchen oder sonst etwas Fremdes darinnen erblickt haben, sind sie nicht säumig gewesen, es zu nehmen, wegzuzerren und zu Boden zu werfen. Von dort haben die anderen alles weggefegt.

So sind einige Zellen blank und rein geworden.

Und nun, da das Volk sich wieder zur Kugel formt, zu einer viel weniger dichten Traube als früher, nun wirkt der Brei, den die Mutter bekommen hat, sein stilles, großes Wunder. Er läßt ihrem Leibe Eierchen werden.

Neues Leben wartet in ihr.

Auch draußen, wo die Göttin den Schnee verjagt hat, an Grabenrändern, sanften Böschungen, in Mulden, in der großen Schottergrube am Rande des Moores wartet Leben:

Knospen werden sich entfalten.

Das Blühen

Die Mutter kann nicht ruhig weilen. Daß die Arbeiterinnen die paar Zellen, vielleicht hundert, geputzt haben, daß es aus dem Grunde blinkt, daß ihre sechs Wände glänzen und daß die Flügelschlägerinnen so schöne Wärme machen, das läßt sie nicht ruhen.

Die Bienen ihrer Garde, ihre Dienerinnen, streicheln mit ihren Fühlern ihren prall werdenden Leib, reichen ihr mit den Rüsseln den eizeugenden Saft, und wohin sie geht, folgen sie ihr getreulich nach.

Ihr Weg ist nicht groß. Sie schreitet bloß immer über die blanken Zellen, nie macht sie ein Trittchen über das kleine Feld hinaus. Diese Unruhe ist fast sinnlos.

Aber plötzlich läuft sie zur mittleren aller reinen Zellen, beschaut sie lange, prüft, ob sie auch wirklich blinkend geputzt sei, und schiebt dann ihren Hinterleib sanft hinein, verweilt in Ruhe eine kurze Zeit und geht dann vorsichtig weiter.

Das erste Ei ist gelegt!

Es steht am Zellgrunde; ein kleines zierliches Stiftchen, fest gefügt an den dreiflächigen Boden der Zelle, als schwebe es zwischen den sechs Wänden. Von allen Seiten umspült und umkost es die sanfte Stockwärme.

Die Mutter kann es aber nicht bei diesem einen Ei bewenden lassen; der kräftige Lebenssaft hat ihrem Leibe ihrer viele gegeben, und alle, die geworden sind, will sie den wächsernen Wiegen anvertrauen.

Die Mutter rennt nicht mehr planlos, nicht mehr mit der früheren unsteten Ziellosigkeit über die Zellen, in ihr Schreiten ist Sinn gekommen, und ihr Weg ist ihr vom großen Gesetz gewiesen. Sie bleibt in der wärmsten Mitte, und nur hier findet sie die blinkenden Zellen. Da nichts sie hindert, könnte sie leicht ihre Eierchen dahin und dorthin, in diese oder jene Stelle legen. Aber sie setzt das zweite Ei in jene Wiege, die der schon beschenkten am nächsten liegt, und alle übrigen Eierchen reiht sie in spiraligem Bogen um das erste. Sie läßt keine einzige Zelle aus. Sie bestiftet eine nach der anderen.

Das den Eierchen vorbereitete Feld ist nicht sehr groß, kaum von der Größe eines Ahornblattes, und nach hundert und etlichen reinen Zellen findet die Mutter, die den Bogen nie enden möchte, in die nächste schauend, Staub und winzigen Unrat darin. Und sie mag suchen, wie sie will, sie findet keine geputzte mehr.

Sie wird wieder unruhig.

Sie könnte doch auf die dicht neben ihr hängende Nachbarwabe gehen, dort zu suchen! Freilich würde es vergeblich sein, denn diese Wabe liegt schon zu weit aus der Kugelmitte.

Urvorfahren der Arbeitsbienen hatten bloß eine einzige Wabe gebaut. Ihr Leben war einfach gewesen, und die Mutter hatte damals noch vieles getan, was heute nur noch die Arbeiterinnen vollbringen können. Sie hatten überallhin ihre Wabe bauen können, ihr Leben hatte einen einfacheren Lauf gehabt, und die einzige Wabe war für sie und ihre Lebensgewohnheiten groß genug gewesen, sie hatten darin Vorräte speichern und auch Nachwuchs erzeugen können. Damals hatte die Volksmutter, wenn die eine Seite mit Eiern belegt war, nichts anderes tun können, als zur anderen Seite zu gehen und dort von neuem, von der Mitte ausgehend, ihre Spiralen zu ziehen.

Die Mutter ist Erbin uralter Gepflogenheit. Nie von ihrer Garde verlassen, wandert sie die große Wabe entlang, weit aus der warmen Mitte, in den Bereich der kälteren

Zone des Stockes. Ganz draußen, am Ende der Gasse, wo die Korbwand sich quer gegenüberstellt und die Wabe mit dem erstarrten Harz an das Geflecht gefügt ist, haben die Arbeiterinnen kleine Schlüpfe gelassen, damit sie nicht bis unten gehen müßten, wenn sie schnell von einer Wabe zur anderen zu laufen hätten. Ein solches kleines Tor benützend, gelangt die Mutter mit ihrem Gefolge auf die noch unbestiftete Seite der Mittelwabe.

Sie eilt durch das Gedränge der Randbienen, durch die Schar der Flügelschlagenden.

Die Arbeiterinnen, ebenfalls Erben des uralten Gesetzes, haben auch die Zellen dieser Seite vorbereitet.

Als Ausgangspunkt ihres Weges wählt die Mutter mit unfehlbarer Sicherheit die der erstbestifteten Wiege gegenüberliegende Zelle, und rund um das erste Ei reiht sie auch auf dieser Seite in strenger Ordnung die anderen.

Sie bettelt ihre Garde, die Spirale abschreitend, um das eibildende Futter an, aber nur einige reichen ihr zögernd, fast unwillig den Brei.

Es sind Putzerinnen da, die versuchen, neue Zellen zu bereiten, aber sie lassen bald davon ab, denn sie spüren, daß die Wärme außerhalb des kleinen, schon geputzten Fleckes zu gering ist und daß die empfindlichen und heiklen Eier hier nicht gedeihen könnten.

Zwar, die Mutter möchte nicht aufhören, immer noch mehr Wiegen zu belegen, und sie täte es, wenn die Arbeiterinnen nicht mit dem Breie geizten und wenn sie ihn ihr nicht schließlich ganz vorenthielten.

Die Arbeiterinnen, die unvollendeten Weibchen, sind aufmerksam gegenüber allem was sich draußen ereignet, was von außen her droht. Ihre Sinne sind scharf. Die Arbeitsbienen hüten das Wohl und das Gedeihen des Volkes, und sie dulden nichts und lassen nichts geschehen, was dem Leben des Ganzen gefährlich werden könnte. Sie sind die Bewahrerinnen allen Lebens und dessen, was Leben gibt: sie behüten die Mutter.

Nichts anderes als Trägerin, Wurzel, Mutterleib neuer Generationen ist sie.

Die Bienen haben dem Rufe der Göttin gehorcht. Sie sind in ihrem warmen Strahlenhauch ausgeschwärmt. Sie haben den Stock gereinigt, damit der üble Geruch sie nicht störe und gefährde. Sie haben dem Gebote der Göttin, die sie mit ihrer Wärme geweckt, Folge geleistet und dem neuen Geschlechte Wiegen bereitet. Und der Brei, den sie der Mutter gegeben haben? Und die Traube, die sie am späten Abend wieder formten? Ein Tun hat das andere gefordert. Sie waren aufmerksam gewesen auf das Warmwerden, und sie haben der Kühle des Abends geachtet.

Die Arbeiterinnen haben genau die warme Mitte des Korbes erspürt. Die Pflegerinnen haben der Mutter völlig genau den Brei zugemessen, die Menge, die sie ihr geben durften, richtig erwogen, so erwogen, daß nicht mehr und nicht weniger als die hergerichteten Zellen ihre Eierchen bekamen.

Nun, nachdem der Mutter Weg auch an dieser Seite vor ungeputzten Zellen geendet, nachdem sie auch auf dieser Seite vergeblich gesucht hat, kehrt sie, den Herweg benützend, an ihren Ausgangspunkt zurück.

Die Arbeiterinnen hängen dicht, wie ein wärmendes Tuch, über den Eierzellen.

Die Eier bedürfen zu ihrer Reife gleichmäßiger Wärme.

Die Hüterinnen geben der hungrigen Mutter nur sehr dünnen Brei, der reicher an Honig denn an anderen Säften ist.

Der anbrechende Tag ist nicht kalt. Späherinnen wagen sich schon bis ans Flugloch vor.

Es regnet draußen. Es ist kein Flugwetter.

Es regnet während des ganzen Tags, und in dem linden, lauen Regen schmilzt der letzte Schnee.

Der Winter, der harte Besieger, der das Schwache ausgerottet, der das Land von allem, was des Lebens nicht wert gewesen war, gesäubert hat, er muß nun aus dem Lande weichen.

Wissend, daß alles seine Zeit hat und braucht, drängt die Göttin ihn nur gemach fort.

Es wäre nicht gut, schösse jetzt alles, was erwacht, jäh ins Licht der Tage, da die harte Nachtluft den Keim des Lebens erstickte und zerfröre.

Baum, Strauch, Blüte und Gräslein zögern noch; sie warten ihre Zeit geduldig ab.

Das erstgelegte Ei, mit dem Hinterende an dem Wachsboden haftend, neigt sich langsam zur Seite, bis es am dritten Tage ganz auf dem Zellengrunde liegt.

Mit den übrigen Eierchen geschieht das gleiche.

Wie eine Blüte die Hüllblätter, so sprengt am Ende des dritten Tages die winzige, hinter der vierhäutigen Schale gereifte Larve das Ei, und dann liegt ein zartes Würmchen da, rund gebogen.

Die jungen Bienen, die erst im Spätherbst aus ihren Wiegen gekrochen waren, die allerjüngsten, hatten schon einige Stunden ehe die Eischalen geplatzt waren, mit der Bereitung eines milchigen Breies, der Brutmilch begonnen, und nun schütten sie ihn um jedes der Lärvchen herum, so daß es in dem Breie schwimmt.

Die junge Brut ist unersättlich. Zu jeder Stunde muß sie ihr Futter haben, und die Ammen dürfen nicht zögern, ihre hilflosen Pfleglinge zu atzen.

Die Lärvchen danken der Sorgfalt durch unheimliches Wachsen.

In den ersten Tagen hat der Saft zart und unvermischt sein müssen, und erst nach und nach dürfen die Ammen Blütenstaub dazumengen.

Der Regen hat fünf Tage und Nächte gewährt, und nun verjagt ein rascher Ostwind die Wolken.

In den reinen Himmel tritt die strahlende Göttin.

Am Ackerrande tut sich ein kleines Blütlein auf, demütig weiß. Es steigt bescheiden aus dem Kelche: die Sternmiere.

Die Stengel sind zu fein und zu schwach, als daß sie die doch so windleichte Blüte tragen könnten, und so suchten sie Halt an Grashalmen. Diese Blume ist ein empfindliches Geschöpf.

Wie derb dagegen ist der Huflattich! Seine Wurzeln greifen tief in die Erde. Der Blütenstengel sprießt vor allen Blättern empor; er trägt rotbraune Schuppen. Das ist ein Kleid, das die frühe Sonnenwärme fängt und behält. Die Knospe ist in einen Pelz gehüllt, und die kalten Winternächte vermögen nicht, die vermummte Blüte zu versehren. Die Köpfchen hängen des Nachts schläfrig zur Erde. Aber im Gestrahle der Sonne richten sie sich mutig auf, und die Hüllen, die pelzigen, spreiten sich und geben dem Blühen Raum.

In der Schottergrube drüben am Moorrande warten zu Hunderten die gelben Blüten.

Worauf sie bloß warten?

Der Tag ist hell und klar, begnadet vom Licht.

Und es müßte doch sein, daß die Bienen eifrig flögen, daß sie, wie am jüngst vergangenen ersten Flugtage des Jahres, umhersuchten! Sie fänden doch schon da und dort Blüten! Weshalb nur fliegen sie nicht aus?

Der Ostwind ist ihnen ungnädig, er läßt sie nicht die kürzeste Strecke gerade fliegen; er wirft sie mit raschen

Stößen aus ihrer zielsicheren Richtung, schleudert sie nach seiner Willkür hierhin und dorthin und duldet nicht, daß sie ihm entgegenfliegen.

Da ist es denn für die Bienen besser, wenn sie daheim bleiben.

Aber dennoch, dennoch sind einige im Volke, die auch ein stärkerer Wind nicht ins Haus zu bannen vermöchte. Die Ammen bedürfen zur Bereitung der Brutmilch, des Larvenfutters, vielen Wassers. Und es ist notwendig, daß es geholt werde.

Oder sollte die junge Brut entbehren, leiden?

Es gibt genug Wasser draußen in der Welt des aufsteigenden Lenzes. Vor dem Bauernhause rinnt es aus metallenem Rohre silberklar sprudelnd in einen Trog. Die Bienen brauchten sich nur hinzustellen, nur ihren Rüssel in die helle Flut zu tauchen, um das Nötige heimbringen zu können.

Aber keine einzige schöpft aus dieser Überfülle. Das Brunnenwasser ist zu kalt. Sie holen, was sie brauchen, lieber aus sonnegewärmten kleinen Pfützen.

Unter der Schar der Wasserholenden ist aber eine, die trotz des Windes ein Stück weit in das Moor fliegt.

Dort, irgendwo an einem Grabenrande, liegt ein Salzstein. Ziegenhirten haben ihn verloren oder weggeworfen. Nun spendet er der Biene, die ihn zufällig entdeckt hat, würziges, salziges Wasser.

Es wird gerade soviel Wasser geholt, wie nötig ist, nicht mehr und nicht weniger.

Im Stocke ist viel zu tun; wenn auch der Ost nicht aufhören will, so ruft der warme Tag doch zu Arbeit. Die Wärme macht die Zellenputzerinnen und die Garde der Mutter ungeduldig. Die Wiegenbereiterinnen reinigen die sechs kleinen wächsernen Wände vieler hundert weiterer

Zellen, rund um die reifende Brut einen großen Fleck, und die Ernährerinnen reichen der Mutter wieder den kräftigen Brei.

Dann, nach einigen Stunden, beginnt die Mutter majestätisch ihren Spiralenweg, zunächst auf der einen, dann auf der anderen Seite der ersten Brutwabe.

Die Lärvchen, die unersättlichen, die aus den ersten Eiern geschlüpft sind, werden schon so dick und feist, daß sie am Zellengrunde keinen Platz mehr haben und daß die sechs Wände sie beengen.

Sie haben in den paar Tagen viel verzehrt, und die Ammen durften mit dem Blütenstaube nicht sparen.

Ist es da verwunderlich, wenn soundso viele Fäßchen leer geworden sind?

Das Blumenmehl hat bisher nur als Futter gedient, nun aber ist die Zeit nicht mehr fern, da es auch andere Verwendung finden soll.

Die Larven sind nach einigen Tagen doch endlich ausgemästet, sie haben sich in der Zelle, gemächlich rücklings liegend, langgestreckt. Das noch unkenntliche Köpfchen ist nach außen gerichtet.

Die Arbeiterinnen kneten nun einen seltsamen Baustoff aus Blütenstaub und Wachs und überwölben damit die großen Maden.

Wie, wenn diese Deckel aus bloßem Wachs wären? Wie, wenn das doch lebende, unfertige und sich noch entwickelnde Geschöpfchen keine Luft zu atmen hätte? Müßte es nicht zugrunde gehen, wenn die Arbeiterinnen sich irrten und die Wiege in der gleichen Art wie die Honigzellen verschlössen?

So fest sie auch sind, so kann dennoch genügend Luft durch die gewölbten kleinen Wiegendächer dringen.

Die darunterliegenden Maden spinnen aus zartester

Seide über ihrem Kopf ein Gewebe. Aber sie rühren sich nicht dabei, ebensowenig wie sie sich bewegen, wenn sie hernach die Zellenwände mit einer zarten Tapete auskleiden.

Wie heikel ist doch so eine werdende Biene! Wie in Windeln gewickelt liegt sie als Streckmade da, den Kopf in ein seidenes Tüchelchen gehüllt, durch den Deckel vor den unachtsamen Füßen der Arbeiterinnen geschützt.

Alle, die im Stocke sind, haben ihr Teil zu tun: Die einen füttern die Brut, die anderen wölben die Deckel, wieder andere holen Wasser; die einen sitzen wärmend über den Eiern und Larven und über den verdeckelten Puppen, am Tore beriechen Wächterinnen die Heimkehrenden, und die Königin bestiftet, von der Garde betreut, die neu gerichteten Zellen.

Indessen wird der Honig immer weniger. An den Rändern der Vorratswaben war er den ganzen Winter über aller Kälte ausgesetzt gewesen. Er ist fest geworden.

Die Bienen vermögen ihn nicht zu lösen, ihre Rüssel können ihn nicht aufnehmen. Um ihn nutzbar zu machen, holen sie Wasser, gießen es über ihn und saugen ihn dann, da er sich gelöst hat.

Viel mehr Bienen als sonst müsssen nun nach Wasser fliegen, und einige kommen gar bis zum Moorbache.

Der Moorbach, der ist ganz ruhig geworden. Still und wellenlos rinnt sein braunes Wasser durch die Au in den Wald. Er ist nun zahm, ganz anders als zur Zeit der Schneeschmelze, da die raschen Wellen das lehmige Ufer verwaschen und Baumwurzeln unterschwemmt haben. Nachts kommen Rehe zu ihm, um Wasser zu trinken. Sie wissen eine bestimmte Stelle, die so schmal ist, daß sie darüberspringen können. Und sie haben einen anderen Platz ausfindig gemacht, wo der Moorbach so breit und so seicht ist, daß beim Durchschreiten nur ihre Hufe naß werden.

Oft geschieht es in diesen Tagen, daß ein Bock herüberwechselt oder daß eine Geiß ins jenseitige Revier huscht, den Gatten zu werben.

Wenn es auch noch keine Nüsse gibt, so sind die Eichkätzchen dennoch munter und lustig. Sie finden noch herbstgefallene Eicheln und Bucheckern unter verwestem Laub. Manche Buchenfrüchte haben schon Keime wurzelnd ins lockere Erdreich geschickt, und gerade diese lieben die Eichhörnchen, denn sie sind süß und bekömmlich.

Der Moorbach bedeutet für sie nichts: Sie klettern auf die Bäume, laufen über die Äste, bis in die äußersten Spitzen und springen ins Geäste der am anderen Ufer stehenden Bäume.

Die Igel haben gute Zeit: Au und Wald sind voll der Schnecken.

Der Dachs gräbt zur Nachtzeit in den Äckern nach fetten Engerlingen.

Nur der Spechtin, der Witwe, ist bange. Ihr mag das Nest im greisen, toten Baume nicht mehr recht gefallen. Oft und oft irrt sie ins Gebiet einer fremden Spechtfamilie, und manchmal flattert sie auch darüber hinaus, weit, dem Berge zu.

Brot der Bienen

Die Göttin steht strahlend in diesen Tagen. Sie gnadet allem, dem kleinsten Halme, sie verschenkt sich ganz. Am Berge ist kein Rinnsal mehr, das Schnee verborgen hielte; in keiner Furche mehr liegt Eis.

Über das Moor wolkt webender Dunst.

Die Birken gebärden sich bräutlich. Bald wird der Morgenwind lichtgrüne Blättlein finden, und er wird ein tiefes Lied um sie singen.

Es tönt, es tönt im Lande. Erde und Himmel, Acker und Au, Moor und Wald werden Klang.

An den Zweigen der Fichten sprossen junge Triebe.

Ehe die Göttin den Tag schenkt, jubeln die Amseln, die Lerchen, die Finken; sie singen ihr entgegen, und dann und wann rauscht ein sanfter Wind ins Vogellärmen.

Früh schon vertrauen sich die Bienen dem warmen Licht an und schwingen sich ins Weite.

Viele, viele sind da, die nach Blüten suchen.

Einer muß es endlich gelingen, in dieser Zeit eine Blume zu finden.

Aber die Knospen wollen sich zu so früher Morgenstunde nicht auftun. Sie warten auf die volle, große Wärme des Vormittags.

Und so ist es nicht zu wundern, daß eine Biene, die eifrig auf Suche geflogen war, am Hange der Schottergrube bloß gelbe Pünktchen sieht, Knospen des Huflattichs, noch fest verschlossen.

Sie versucht zwar, die Hüllen auseinanderzuschieben, aber wie sollte das den zarten Füßchen gelingen?

Und so fliegt sie wieder weiter, kehrt gegen den Korb

zurück, überquert die Waldblöße, surrt dem Walde zu, überfliegt den Moorbach und trifft die Au.

Büsche! Tausende sind da.

Vom dunklen Gezweige leuchten mit sanftem Feuer die Haselblüten.

Die im satten Lichte stehenden Büsche tragen gelbe, aufgeblühte Quasten, aber die Quästchen der waldnahen Zweige sind noch grün und hart.

Und die eine Biene, gelockt vom Gelb, fliegt darauf hin und läßt sich auf eine der Quasten nieder.

Da stäubt eine feine Wolke von Blütenstaub auf.

Gefunden! Die erste Arbeiterin hat Blütenstaub, Bienenbrot gefunden!

Der Fund versetzt sie in wahren Taumel; ihre Eile ist fieberhaft. Aus den Blütchen, die wie auf Schnüre gereiht sind, holt sie den Pollen. Sie nimmt sich kaum Zeit, den Staub, der sich an ihr Haarkleid haftet, abzustreifen und in die Körbchen an ihren Hinterbeinen zu befördern; sie nimmt sich kaum Zeit, dort die Hosen zu formen, sie macht nur flüchtig ganz kleine Höschen. Sie ist über und über mit dem lichtgelben Blütenmehl bestäubt, und sie fegt bloß ihre Augen rein, ehe sie sich auf den Heimflug macht.

Sie muß es ihren Schwestern sagen, so rasch wie möglich, sie muß sie davon benachrichtigen, daß sie Pollen gefunden habe, sie muß sie holen, damit die erste Gabe der Göttin, das erste Geschenk des Jahres geheimst werde.

Ihr Flugton ist hoch.

Am Tore erst findet sie andere Bienen, die gleich ihr, über und über gelb verstaubt sind. Sie sind die ersten.

Die Pförtnerinnen lassen sie ungehindert ein. Schätzebringende sind immer willkommen.

Wenn sich der Behöselten eine der Wächterinnen hindernd in den Weg stellte, sie würde vor Aufregung, vor freudiger Hast die Pförtnerin überrennen.

Nur hinein in den Stock! Schnell, schnell! Sie läuft über die erste unbesiedelte Wabe, sie rennt über die nächste und hastet mitten ins Gedränge des Volkes, mitten in die wartenden, müßigen Schwestern.

Pollen gibt es! Schwestern auf! Auf, holt den Blütenstaub!

Sie sagt es in ihrer Sprache:

Sie tanzt. Sie reigt den Pollentanz.

So macht sie das: Sie rennt über fünf, sechs Zellen, zittert dabei mit dem ganzen Körperchen, am stärksten mit dem Hinterleibe, bleibt jäh stehen, macht einen kleinen Halbkreis nach rechts, kehrt an ihren alten Platz zurück, läuft einen ebenso kleinen Bogen nach links aus, kehrt wieder zurück und läuft dann zitternden und schwänzelnden Leibes wiederum über eine Reihe von Zellen in das Dickicht anderer Bienen, um dort den gleichen Tanz aufzuführen.

Unaufhörlich, ohne Rast teilt sie den Schwestern mit:

Es gibt Pollen! Ihr Schwestern, auf! Holt den Blütenstaub!

Die Schwestern, die sie tanzend auseinandertreibt, die sie berührt und die sie rennend bestreift, laufen ihr, sofern sie nicht pflegende Ammen oder sonst im Stocke Wichtige sind, nach und fragen sie:

Wo? Wo gibt es Pollen?

Und sie legen ihre Fühler auf das Körperchen der Werbenden, und sie beriechen eifrig die Tänzerin und ihre Pollenlast.

Und da und dort auf den Waben geschieht desgleichen mit anderen Tanzenden.

Aber während die Werbenden noch weiterreigen, rennen die Aufgemunterten ohne Säumnis an die Pforte, fliegen aus, dem Dufte, den sie soeben gerochen hatten, nachzuspüren.

Und da die himmlische Göttin nun voll und klar und groß im blauen Tage strahlt, da sie nun erdene und himmlische Düfte weckt und jedem Wesen seine Fülle und Erfüllung gibt, steigt auch der süße Geruch der Haselblüte weit hin ins Land, und die Bienen fliegen durch wehende Duftwolken an die Quelle.

Lautes, heiteres Gesumme lebt in der Haselau. Die Neuangekommenen, die Geworbenen suchen Quaste für Quaste ab und machen, die Beine heftig bewegend, die Pollenhosen zurecht.

Sie sind zu ernten gekommen, und so beladen sie die Körbchen an ihren Hinterbeinen mit schweren Ballen. Sie streifen, ehe sie sich zum Heimfluge in die Luft erheben, den Körper mit ihren Bürsten rein.

Heimgekommen und über die Waben zum Speicher rennend, tanzen die Geworbenen zuweilen und muntern neue zum Ausfluge, zur Sammelarbeit auf. Aber die meisten haben es eilig, zum Lagerplatz zu kommen. Rasch streifen sie die Pollenhosen in leere oder in schon halbvolle Zellen. Die Hausbienen stampfen mit ihren Köpfen das Mehl fest in die kleinen Fässer, und die Feldbienen hasten währenddessen wieder aus der Dämmerung des Stockes in den strahlenden Tag hinaus, um neue Last zu holen.

Nicht alle Wesen des Volkes können dem Heimsen obliegen: die letztgelegten Eier sind schon zu Larven geworden und ihre Unersättlichkeit heißt die Ammen ohne Pause Futterbrei bereiten.

Viel davon erhält wieder die Mutter. Von der Pollenernte angeeifert, ermutigt von dem reichen Geschenk des jungen Jahres, beginnen die Putzerinnen abermals, neuen Eierchen die Wiegen zu bereiten. Die eine Wabe wird schon zu klein. Die Haustöchter richten große Felder der beiden Nachbarwaben zurecht, und dann, damit auch die Brut in Kugelform so wie die nächtliche Bienentraube geordnet sei, beziehen sie die anderen, gegen die Strohwände gerichteten Seiten ins Brutnest ein.

Tausend und aber tausend blanker Zellen warten auf die Mutter.

Bald werden die Wiegen der drei Waben bestiftet sein.

Kommen nicht bald junge Bienen? Kommt nicht bald erster Nachwuchs? Es wäre hoch an der Zeit!

Die überdeckelten Puppen reifen dem Schlüpfen entgegen.

Es bilden sich Flügel, noch verknüllt, unentfaltet. Die Beine lösen sich aus der Körpermasse, und der Kopf formt sich mit Fühlern, Augen und Mundwerkzeugen. Der Panzer, der mit hundert Teilen die Gestalt der Biene bilden wird, muß erst erharten. Und die Augen, die Fühler, der Stachel, jeder Muskel, das Herz, alles, alles muß sich in der doppelt verschlossenen Zelle nun vollenden.

Gegen Mittag war eine Biene, die sich bisher wie manche andere zum Sammeln des Haselpollens nicht hatte werben lassen, in die der Au entgegengesetzte Richtung geflogen. Sie hatte, kurz nach dem Aufstieg über die Bienenhütte, vom Moore her ein großes, sattes Gelbleuchten gesehen und war darauf zugesteuert.

Die sanften Strahlenhände der Göttin haben die Huflattichblüten in der Schottergrube aufgetan.

Die laute Farbe schreit wie ein Alarmruf ins Land und ruft Vorübereilende, alles fliegende Getier an:

Kommt doch endlich, ihr Faulen! Ihr Säumigen, kommt!

Die eine Biene kann nicht anders, als diesem gellenden Rufe gehorchen. Der Lohn, den sie empfängt, ist reich. Die Blüten schenken schwere Pollen.

Die Kundschafterin nimmt davon bloß eine kleine Last mit, sie badet sich im Blütenstaube, und ihre Haare fangen das fette Mehl, und sie eilt dann, Schwestern zu holen, in den Korb zurück.

Heimgekommen, reigt sie im Gedränge der anderen ihren Pollentanz.

Kommt, kommt! Neuer Pollen! Neue Blüte steht offen!

Wieder betasten einige ihren Leib, sie beriechen mit den Fühlern die Hosen. Und wieder fliegen Geworbene aus, dem Huflattichdufte nachzuspüren. Sie fliegen weit irr, und es dauert lange, bis sie endlich die Quelle finden. Schon für den nächsten Ausflug aber ist ihnen die goldgelbe Farbe, zu der der Pollen gesellt ist, Schild und Signal.

Und wenn die paar neuen Gäste des Huflattichs behöselt zu den Speicherwaben eilen, tanzen auch sie zuweilen, daß andere zum Beutefluge mutig würden.

Aber keine der auf dem Haselstrauch eingeflogenen Bienen wird ihrer Schar untreu. Keine von ihnen kümmert sich um die Huflattichtruppe, so wie sich auch nicht ein einziger Huflattichgast für die Haselquasten gewinnen ließe, solange sein Wirt noch aus dem vollen schenkt.

Eine andere, eine dritte Biene, eifrig, eine neue Blume zu entdecken, sucht im nahen Umkreise des Korbes am Boden umher. Und im Hausgarten, vom schweren Dufte gelenkt, findet sie das dunkelblaue Veilchen. Als ob es ein Licht wäre, leuchtet ein rötlich-gelber Kreis von Staubgefäßen aus der Wurzel der Blütenblätter. Ein winziger

Tropfen Nektar liegt im Kelche; die Biene saugt ihn aus und umstäubt sich dabei mit Blütenmehl.

Dann sucht sie ein nächstes Veilchen, denn es lohnte nicht, mit geringer Beute heimzufliegen. Aber auch die vier oder fünf anderen Blüten reichen zu einer vollen Ladung nicht aus, und mehr kann sie trotz gründlichen Suchens in diesem Gärtlein nicht finden.

Sie fliegt heim, ihre Ernte abzuladen.

Sie tanzt nicht, sie wirbt nicht. Zu gering ist der Fund, viel zu spärlich, als daß sie andere, die im Stocke nützlicher sein können, bemühen und narren sollte.

Freilich, sie selber fliegt wieder aus, anderswo nach Veilchen zu suchen. Überm Wald, hinter ein paar Dorfhäusern findet sie einige im Friedhof, auf Grabhügeln. Sie erntet sie ab. Sie braucht viel länger als eine Stunde dazu, um richtige Ladung zu gewinnen, und erst als sie weder Nektar noch Blütenmehl findet, entschließt sie sich zum Heimfliegen.

Müde geworden, lädt sie in aller Demut ihren Fund ab.

Die Haselbiene und die Schar, die den Huflattich aberntet, bringen so viel, daß die Hausbienen kaum fertig werden, dieses Mehl in die Fäßchen zu stampfen. Sie müssen sie doch auch luftdicht verschließen, denn wie können sie ahnen, ob das Wetter in den nächsten Tagen so bleibt. Würde der frische Pollen nicht sogleich zu säuern beginnen, bliebe er offen liegen?

Um Honig zum Überschütten des Mehles zu haben, muß ein nicht geringer Teil des Volkes unaufhörlich nach Wasser fliegen, denn er läßt sich nur mit Wasser lösen.

Die Arbeiterinnen müssen auch dann und wann einen Schluck tun, sich zu stärken und ihre ermüdeten Muskeln zu kräftigen.

Es war notwendig geworden, daß sich mehr Bienen als sonst ans Flugloch stellten, um mit ihren Flügeln den feuchten Dunst aus der Wohnung zu wirbeln.

So häuft sich eine Arbeit zur anderen, eine Mühsal über die andere.

Wann, wann kommt endlich der Tag, an dem die ersten Bienen ausschlüpfen werden?

Die viele Arbeit ist bald nicht mehr zu bewältigen.

Die Ammen dürfen nicht einen Augenblick rasten. Kein Lärvchen darf auch nur eine Minute lang ohne den nährenden Saft bleiben. Die Biene, die sich daraus formen soll, muß kräftig und gesund werden, sie muß alle Bieneneigenschaften unverkümmert aus der Wiege bringen, und wie könnte sie das, wenn sie während ihrer Entwicklung Not und Mangel leiden müßte?

Die Menge des Blütenstaubes, die der Haselstrauch schenkt, ist unerschöpflich. Im Verlauf der Tage verblühen zwar die abgeernteten, dem Bache nahen Sträucher, dafür aber erblühen die waldsäumenden, von denen mit jedem Tage der Schatten weiter zurückweicht.

Wie alles seine ihm zugemessene Zeit hat, so ist auch bald nach dem Aufblühen die des Huflattichblühens um. Zwei Tage lang fliegen die Bienen vergeblich an die verarmten Blüten, die allen Staubes beraubt sind. Die samenreifen Köpfchen hängen gesenkt, wie erstorben; die enttäuschten Sucher werden immer seltener, bis sie schließlich ganz ausbleiben.

Was sollen sie nun tun, die Huflattichbienen?

Ein Teil von ihnen gesellt sich zu den immer noch emsigen Haselbienen, ein anderer Teil aber bleibt trotz des Fleißes der Schwestern müßig, untätig und nur Wärme machend und Wärme genießend im Korbe. Faul sitzen sie auf den Waben.

Aber eines Tages löst sich eine Kundschafterin aus ihrer Runde und fliegt aus. Kurze Zeit später kehrt sie zurück. Sie kommt tanzend heim. Links herum, rechts herum und schwänzelnd vor, rechts herum, links herum und schwänzelnd vor.

Pollen! Blütenstaub!

Die Müßigen hatten auf Botschaft gewartet.

Wo? Wo gibt es Pollen?

Beriecht mich und sucht dann draußen!

Sie suchen.

Neben den Haselbüschen, mitten in ihrer Runde, stehen Erlen; Millionen, Millionen kleiner Zäpfchen hängen daran. Sie bergen rotgelben Blütenstaub.

Schon nach wenigen Stunden sind alle ehemaligen Besucherinnen des Huflattichs für die Erlen gewonnen.

O reicher Segen des frühen Lenzes!

Mit jedem neuen Tage schwellen die Knospen schlaftrunkener Pflanzen.

Der Arbeit wird zu viel! Bienenjugend, komm!

Volle Kelche

Die Puppe hatte unter einem zarten Hemde gelegen. Die zerknüllten Silberhäutchen hatten ausgesehen, als hätten niemals Bienenflügel daraus werden können. Aber mit einem Male war die Hülle zerrissen, und sie hatten sich ausbreiten und geradestrecken können.

Die buntschillernden Tragflächen sind durch feine Leisten in viele Felder geteilt. Sie führen die zarten Stränge der Nerven, sie führen die Adern für das Blut und auch die Röhrchen für die Atemluft. Die oberen Flügelränder des kleinen Tragflächenapparates, des unteren, sind mit vielen tausend Haken versehen; sie werden beim Fluge wichtig sein.

Da die Puppe das beengende Hemd zerrissen hat, kann sie sich nun in der Zelle bewegen. Und was anderes sollte sie tun, als sich zu befreien suchen? Ihr Körperchen ist fertig, sie ist eine richtige junge Biene geworden.

Die Zangen ihres Mundes sind nun hart und fest genug, daß sie das ihren Kopf überwölbende Gespinst und auch den Deckel aus Wachs und Pollen durchnagen kann.

Die Zangen rühren sich langsam, und das Loch wird immer größer, bis es endlich weit genug ist, daß die Biene der Zelle entschlüpfen kann.

Ganz im Mittelpunkte des Brutnestes kriecht die erste junge Biene aus der Wiege. Es hat drei runde Wochen, volle einundzwanzig Tage gedauert, bis aus dem winzigen Ei dieses fertige Wesen geworden ist.

Lobpreiset, Bienen, die Göttin!

Und du, Göttin, belohne die Bienen! Schütte deinen Segen über das Land! Schenke den Blüten Nektar, Saft den Bäumen, Staub den Blumen! Verschwende deine Fülle! Kein Tröpflein, das du in die Kelche schüttest, wird verlorengehen, denn deine Wärme hat Bienen gezeugt; du hast die Mutter der Bienen geweckt. Du wirst kein Körnchen umsonst gestreut haben! Schenke, schenke deine Schätze!

Lobpreiset, Bienen, die Göttin! Dem Volke ist die erste Nachkommin erstanden! Noch kriecht sie hilflos, ungeschickt, ein wahrer Lebensneuling, umher. Die Beine, ungeübt des Gehens, tasten nach Boden, und der unsichere Gang hat noch kein Ziel.

Ein dichtes Haarkleid hüllt den noch weichen, lichtgrauen Körper.

Wie könnte der Neuling, da er noch schwach ist, da erst Kraft und Übung in die Glieder, in die Muskeln kommen muß, wie könnte dieser zarte Neuling jetzt schon Arbeit verrichten?

Aber, Göttin, wenn du wiederkommen wirst, nach diesem Tage und der Nacht, morgen, da wirst du die jüngste Biene des Volkes mächtig des Gehens, beschenkt mit aller Bienenkraft und lebhaft und gelenk wie die älteren Schwestern finden.

Und nicht sie allein wird deiner Wärme sich freuen, denn so wie die Mutter der Reihe nach die Eier gelegt hatte, so werden nun die übrigen Bienenkinder aus den Wiegen steigen, eines jünger als das andere.

Es rührt sich schon auf dem kleinen Wabenfelde; die zarten Kieferzangen der Schlüpfenden schneiden die Deckel auf, junge Bienen kriechen hervor. An mancher haftet noch ein Fetzchen des gesprengten Nymphenhemdes, aber im Gewühle der anderen flattert es bald, abgestreift, zu Boden.

Die Putzerinnen holen aus den leergewordenen Zellen die Reste der Häute und machen die Wände und den Grund wieder rein.

Dann eilt auch die Mutter aus äußeren Bezirken herbei, um die bereiteten Zellen aufs neue zu bestiften.

So kommt es, daß nun rund um das Fleckchen Eier fettgemästete Maden liegen. Und die Ammen beginnen, diese Streckmaden mit Brutdeckeln zu verschließen, denn die Zeit ihres Ausreifens ist gekommen. In zehn oder in höchstens elf Tagen werden auch sie sich zu fertigen Bienen entwickelt haben, und das Volk wird um sie, die Tausende, reicher werden.

Das Brutnest wird nun groß. Schon fünf Waben sind mit Brut jeden Alters gefüllt, und die Mutter, von der guten Tracht und von ihren sorgenden Pflegerinnen angeeifert, hört nicht auf, immer neue Zellen zu bestiften.

Mit jedem Tage werden die Rundmaden, die Nimmersatten, mehr.

Die Ammen könnten die hungrige Brut nicht mehr mit dem Brei befriedigen. Der Ältesten Drüsen versagen die Säfte, und Jüngere, die noch genügend Brutmilch zu erzeugen vermöchten, Jüngere sind zu wenig da. Es ist gut, daß allerjüngste Bienen, die immer neu schlüpfen, nun helfend den Ammendienst übernehmen.

Nun können die, die bisher die Pflege der Brut ans Haus gebannt hatte, Feldbienen werden, nun können sie helfen, den so notwendigen Pollen zu bringen. Hätte es damals nicht zu regnen begonnen, hätte die Mutter damals nicht aufhören müssen, Eier zu legen, des Schlüpfens würde kein Ende sein.

Der Honigvorrat schwindet. Die Zahl der leeren Fäßchen nimmt bedrohlich zu.

Was macht das auch aus, daß die eine oder die andere Biene da und dort ein Tröpfchen Nektar findet? Was nützt das viel?

Die Blüten des frühen Lenzes schenken bloß Pollen. Leberblümchen haben ihre blauen Schilde ausgehängt. Sie laden die Bienen ein, den Blütenstaub zu holen.

An die Weidenruten haben sich ungezählte kleine, flaumweiche Kätzchen gesetzt. Sie hängen daran, als ob sie große Schneeflocken wären.

Hasel und Erle sind im Verglühen, aber dafür gebietet die Göttin den Weidenkätzchen, lebenzeugenden Staub zu tragen.

Auf den Waben locken tanzende Bienen zur Salweidentracht.

Es ist kein Mangel im Stocke, es herrscht sogar Überfluß an Pollen – aber der Honig? Der Honig, wie lange wird er noch reichen?

Während der Tage des starken Fluges nach Weidenpollen beginnen auch die nächsten Bienen die Zellen zu verlassen, und nun ist des Schlüpfens wirklich kein Ende. In jeder Minute steigen zwei, drei Bienen aus ihren Wiegen.

Wenn bloß Honig zu finden wäre! Wenn sich doch ein Meer von Blüten auftäte!

Alles, alles hat seine Zeit!

Die Göttin schenkt nun Büschen und Bäumen das Laub.

Rehe und Hirsche, Fuchs und Marder, Dachs und Iltis verlieren ihren dichten Winterpelz; ihr Fell verfärbt sich. Die Böcke setzen neue Krücken auf. Das Gehörn fegend, zerschinden sie die saftgequollene Rinde junger Bäume und Sträucher.

Die trächtige Häsin rupft weiche Wolle aus ihrem Fell, die Jungen in ein warmes Nest zu gebären.

Vogelhähne locken brünstig Weibchen an. Es ruft und antwortet mit hellsten Stimmen durch den Wald.

Was aber tut die Spechtin? Ihren Gemahl hat ein Bauernjunge im Winter vom Bienenkorbe abgeschossen. Was tut sie, die Einsame?

Von weit drüben, vom Berge her, war ein wirbelndes Trommeln ins Land gedrungen: Ein Spechthahn hatte den dürren Stummel eines Astes bewegt und unter den nun zitternden Astzinken seinen Schnabel gehalten. Und manchmal hatte er während des Trommelwirbels sein schneidendes „Orr-orr" gerufen.

Das hatte die Spechtwitwe gelockt, und sie war dem Lärme nachgeflogen, neugierig.

Von weitem hat der äugende Spechthahn sie schon gesehen. Er hat sie zu seinem Weibe gemacht, sie in seine Baumhöhle geholt, und nun brütet sie über ihren Eiern.

Der gespenstische Alte, der dürre Baum, der Riese im Walde steht leer und tot.

Seine Höhle ist unbewohnt.

Nur an seinen Wurzeln ist Leben: Heidelbeerstäudchen begrünen sich und setzen Blütenknospen an.

Selten läßt sich ein Vogel auf die gestorbene Tanne nieder. Singende, die der Göttin entgegenjubeln, lieben die saftvolle Grünheit sprießender Wipfel.

In diesen Tagen streichen oft Störche übers Land, nördlichen Sümpfen zustrebend.

Ketten schreiender Wildgänse eilen wie Wolken gen Norden.

Manchmal läßt sich ein Schwarm schillernder Enten im Moor nieder, rastet über Mittag und erhebt sich dann schnatternd und quarrend wieder, den Flug zu den im Herbste verlassenen Seen fortzusetzen.

Nachts, wenn der Mond kommt, groß steigt er über dem Berge hervor, melden sich die Käuzchen mit klagendem Schrei.

Die Spuren der Waldschnecken glänzen silbern; Dachs und Igel haschen reiche Beute.

In der Au überm Moorbache ragen, die Büsche und Sträucher übersteigend, von hohen, schlanken Stämmen emporgehoben, hellgrüne Laubkronen in den blauen Himmel.

Die Kirschbäumchen müssen ihre lichthungrigen Blätter hoch über das dichte Buschgelaube heben.

Nach einer Nacht, die lauen Regen gebracht hat, geschieht an ihnen stilles Wunder.

Die Göttin, in den Tag tretend, entschält mit ihren Strahlen die weißen Blüten, sie läßt die purpurroten, zweigfarbenen Hüllen sich spreiten.

Und nach Stunden schon stehen Hunderte kleiner weißer Wölklein vor dem dunklen Walde.

Die Kirschblüten sitzen in dichten Büscheln an den Zweigen, weithin leuchtend. Weithin auch streuen sie ihre süßen Nektardüfte.

Die Gefäße des Blütenstaubes recken sich rings um den Griffel, dessen Narbe nach den befruchtenden Körnchen lechzt.

Der jungfräuliche Leib, der unberührte Fruchtknoten, hat sich bräutlich geziert, er hat sich feierlich mit schlohweißem Kleide geschmückt. Das gelbe Blütenstaubkrönlein ist die Brautkrone. Himmlischer, heiliger Wohlgeruch entflutet der Blüte.

Tief im Kelche steht der Nektar.

In Milliarden Blüten findet die Göttin ihr strahlendes Widerbild, aus den spiegelnden Bechern funkeln ihr Milliarden Abbilder entgegen.

Kommt doch, ihr geflügelten Engel! Ihr Bienen, kommt doch! Laßt unseren wartenden Leib nicht taub bleiben! Bringt das Körnchen, das Stäubchen, um dessentwillen wir uns geschmückt haben! Bringt das Goldkügelchen, ihr Bienen, den Zauber, der die Frucht in unserem Leibe werden läßt! Unsere Narben sind aufgetan!

Der Ruf der Blüten, das ist Duft und farbenes Leuchten.

Laut genug rufen die Kirschblüten, kräftig genug entstrahlt ihnen balsamischer Duft, aber die nahen Bienen, ganz in rauschhafter Liebe den Erlen zugetan, wollen und dürfen ihrem freigebigen Spender nicht abtrünnig werden.

Gottlob! Es sind genug nektarspürende, herumirrende Honigsucherinnen, die bisher vergeblich das Land, das Moor, den Wald abgesucht haben, gottlob! es sind genug da, die nun dem hellen Schreie folgen können.

Eine erste Biene fliegt zu den erblühten Wölklein vor dem Walde.

Sie saugt aus dem vollen Kelche den süßen Saft, und als die erste Blüte leergetrunken ist, kriecht die Gierige rasch auf die nächste, schiebt die Staubgefäße zur Seite, zwängt sich dem Griffel entlang zum Kelche, um wiederum den Saft, den er birgt, zu trinken.

Und dabei geschieht es, daß eines der Staubkörnlein, deren viele sich in das Haarkleid der Biene geheftet haben, in die Narbe kommt und daß es, während die Biene den Nektar saugt, langsam, langsam im Griffel abwärts sinkt und so den Mutterleib, den Fruchtknoten, mit keimendem Leben beschenkt.

Die Blüte hüllt die Saugende ganz in ihren Wohlgeruch ein:

Sag deinen Schwestern, daß Millionen meinesgleichen auf sie warten. Sie sollen ausfliegen! Sie sollen nach diesem Dufte, den ich dir mitgebe, suchen! War mein Kelch, den du nun leergetrunken hast, war er nicht voll, war er nicht angefüllt bis an den Rand? Sage deinen Schwestern, daß wir sie reich beschenken!

Noch viele andere Blüten des einen Zweiges sagen der Biene das gleiche. Als sie vollgesogen ist, fliegt sie, mit dem goldenen Staube der Krönlein überschüttet, dem Korbe zu.

Ihr praller Hinterleib, der den großen Nektartropfen trägt, hängt schwer. Sie würde kaum richtig und gut fliegen können, wenn sie nicht, das Gleichgewicht zu erhalten, ihre Beine vorstreckte.

Sie klatscht schwer an die Torschwelle.

Die Wächterinnen kommen herzu.

Laßt mich, laßt mich! Ich habe Honig!

Sie rennt zu den Waben.

Plötzlich hält sie im Laufe inne, streckt den Rüssel aus, und einige, die ihren Weg kreuzen, kommen zu ihr und saugen daran. Drei, vier sind es, die, als ob sie nahe dem Verdursten wären, von ihrem Rüssel trinken. Sie streicheln wollüstig mit den Fühlern das Köpfchen der Schenkenden. Sie beriechen die Freigebige.

Bald hat sie die letzte Spur ihres Honigs verschenkt, viel schneller, als sie sich vollgesogen hatte, ist sie leer, und sie läuft, wieder leicht und beweglich geworden, tiefer in den Stock hinein, mitten ins dichteste Volksgedränge.

Sie tanzt den Honigtanz.

Der ist ganz anders als der Pollenreigen:

Um eine einzige Zelle trippelt sie einen, zwei volle Kreise aus, einmal nach rechts und einmal nach links:

Ihr Schwestern! In Blüten steht Nektar!

Tausend Kelche sind voll!

Oh, wie duftet mein Leib!

Wie ist die Göttin uns hold!

Eine kleine Schar Wartender, die die Tanzende berührt hat, wendet sich ihr zu:

Nektar hast du? Wo gibt es Nektar?

Der ganze Körper der Kundschafterin trägt die Antwort. Die Fragenden legen ihre Fühler auf den Hinterleib der Tänzerin, streicheln sie, fragen immerzu, laufen ihre Kreise nach, und da sie die Antwort errochen haben und die Tanzende ihnen entflieht, um anderswo zu reigen und Botschaft zu bringen, fangen sie an, sich zu putzen, ihren Panzer blank zu reiben, die Augen rein zu wischen und die Fühler, mit denen sie dem Dufte nachspüren sollen, durch die Putzscharten am vordersten Beinpaare zu ziehen. Nach dieser gründlichen Vorbereitung fliegen sie aus.

Und während die erste Tänzerin noch einen oder zwei Tänze reigt, suchen die Geworbenen draußen herum, bis sie, die Blöße übersummend, in die Wolke des ihnen bekannten Duftes geraten und dann die Kirschblüten finden.

Nach ihrem letzten Tanze, den sie nicht mehr allein vollführt hat, da auch andere Glückliche gekommen waren, rennt die erste Kundschafterin hurtig ans Flugloch, um geraden Weges ins Blütenmeer zu fliegen.

Und alle, die beuteschwer zurückkommen, geben den Hausbienen zuerst ihre Ernte, daß diese sie in die Zellen schütten. Dann tanzen sie und werben:

Ihr Schwestern! Nektar steht in Blüten!

Tausend Kelche sind voll!

Oh, wie duftet unser Leib!

Wie ist die Göttin uns hold!

Am Abend glänzt aus hundert Zellen der Honig.

Blanke Zellen

Es wäre um das Volk schlimm bestellt, wenn die Kirschenblüten die einzige Nektarquelle blieben. So viele Bäumchen im Walde auch stehen mögen, die Zeit des Blühens ist doch zu kurz.

Was ist das: Eines Tages flattern bei sanftestem Windhauch, mitten im Glänzen und Strahlen der Göttin, weiße Wölklein wie Schnee zu Boden.

Die Kirschblüten sind im Verwelken. Sie haben braune Ränder bekommen. In alle Narben haben die Bienen das ersehnte Körnchen gebracht, und der jungfräuliche Fruchtknoten ist Mutterleib geworden. Wozu da noch Schmuck, wozu da noch Duft und Pracht, da sich doch, wonach der Baum blütentragend gelechzt hat, erfüllte? Weg mit dem üppigen Brautkleid! Nur ein stillbescheidenes Gewand, das einer Mutter, ist des heiligen Sinnes würdig.

Strahle, Göttin Sonne! Bringe Reife! Gib dem wachsenden Kerne, diesem Speicher unendlichen Lebens, das purpurne Fleisch!

Überall, im Obstgarten vor der Bienenhütte, im Dorf hinter dem Walde, überall tun sich die Blüten der Zwetschkenbäume auf. Und wie es die Kirschblüten getan hatten, locken auch sie mit Duft und Farbe die liebsten Gäste, die Bienen, an. Sie flehen um das befruchtende Stäubchen, und sie sind bereit, den Besuch mit Pollen und Nektar zu belohnen.

Was wäre der Baum ohne Bienen? Was wäre er ohne sie, die, einmal geworben, der Blüte treu bleiben bis zu ihrem Verwelken? Was wäre er, wenn es keine Bienen im Land gäbe, wenn der Baum bloß auf Hummeln oder Wespen oder Fliegen angewiesen wäre?

Untreues Getier sind sie!

Sie wollen keinen Unterschied zwischen den Blumen machen. Sie fliegen von der Taubnessel zum Ruprechtskraut, dem stinkenden, und von da zum kriechenden Günsel und entschließen sich dann endlich, die Blüten der Kirschen oder der Pflaumen zu besuchen. Sie naschen überall. Aber was nützt der Narbe der Zwetschkenblüte der Blütenstaub aus den Gefäßen des Günsels? Wozu dient dem Günsel der Pollen des Ruprechtskrautes? Fremde Körnlein vermögen nichts zu wirken. Und die Tage und Nächte streifen die unfrüchtig und taub gebliebenen Blüten von den Zweigen, und die Göttin dörrt sie.

Nur die Bienen sind treu.

Aber was wären die Bienen ohne Blüten und Blumen? Was wären sie, wenn nach dem Verblühen der Zwetschkenbäume nirgends mehr Nektar in Kelchen stünde?

Die Mutter, die nun ohne Rast, ohne Pause Eier legt, die nun ihre großen Spiralen bis an die Wabenränder, bis an die Strohwand zieht, sie, die nun nichts anderes mehr ist als nur die Eierlegerin, von ihrer Garde ernährt und gepflegt, sie müßte, wenn nun die Tracht versiegte, plötzlich ihr wichtiges Geschäft einstellen, sie würde, da die Pflegerinnen ihr das Futter versagten, von heute auf morgen eine Müßige, ja vielleicht eine Entbehrliche werden.

Und wenn auch nach wenigen Tagen schon die Zwetschkenbäume verblühen und im nahen Umkreise nur die Taubnessel honigt, so haben emsige Kundschafterinnen dennoch andere reiche Tracht erspürt.

Über die Waldblöße, über die verblühte Au, hinter dem finsteren Wald gar und noch über Ackerland und Grasinseln, bis zum Fuße des Berges müssen Ernteholende fliegen. Dort steht bis an die Grenze des Nadelbestandes, an sanften Hängen des Berges, Laubwald.

Ahorne blühen dort. Die grüngelben Blüten hängen in Dolden und Trauben zwischen den Blättern von gleicher Farbe.

Wenn die unzählbare Menge der Blüten nicht mächtig, ja berauschend duftete, so würden die Kundschafterinnen sie niemals finden. Sie flögen achtlos daran vorbei, meinend, es seien Blätter.

Daß aber die heiligen Bestäuberinnen kämen, hat der Baum all seinen Saft in die tiefen Kelche geschüttet.

Schon nach wenigen Tagen ist nicht eine Flugbiene im Korbe, die nicht eilte, hier aus dem vollen zu schöpfen.

Aus allen Völkern, von ferne und nah, kommen die Bienen zur Ahornblüte.

Und wiederum nach einigen Tagen werben Tänzerinnen zum Fluge nach Birn- und Apfelblüten.

Auch die Heidelbeeren geizen nicht mit Nektar.

Ein Blühen greift ins andere.

Das Volk ist stark geworden. Die jungen Neugeschlüpften sind an Stelle der älteren Ammen gerückt, und nun fliegen auch die erst in diesem Jahre geborenen Bienen auf Tracht. Freilich hatten sie zuvor einige Wochen Ammen, Hausbienen sein müssen.

Der Honigspeicher füllt sich, aber viel von der neuen Ernte wird dazu verwendet, für die ungezählten Lärvchen und Maden Brutfutter zu bereiten. Der neu eingebrachte Honig ist dünn.

Wenn am Abend die Göttin aus dem Lande scheidet, wenn die letzte Biene in raschem Fluge heimkehrt und wenn dann die dunkle Nacht kommt, die Nacht, in der das tagmüde Geschöpf schläft, haben die Bienen viele Mühe, den wässerigen Honig einzudicken und ihn zähflüssig, eben wie richtigen Honig zu machen.

Sie tragen ihn von Zelle zu Zelle, sie schütten ihn von

der einen in die andere und mengen, sooft sie ihn saugen und ausgießen, ihre kostbaren Säfte darunter. Auch stellen sie sich über die noch offenen Fäßchen und fächeln lebhaft mit den Flügeln. So wird es im Korbe mächtig warm, und aus dem Honig dunstet das überfällige Wasser. Kleine Dunstwölklein enthuschen dem Stocke. An der nachtkühlen Strohwand schlägt sich Wasser an, und am Morgen findet die Göttin, zum Zeichen, daß die Bienen nicht müßig gewesen sind, den Streifen unter dem Flugloche naß und glänzend. Auf dem Boden rinnt wie eine Quelle ein kleines Wasserbächlein aus dem Korbe hervor.

Und so kommt es, daß von den tausend tagsüber gefüllten Zellen nur noch etwa dreihundert am Morgen da sind. Aber diese dreihundert Zellen sind voll von reifem Honig, und sie könnten nun verdeckelt werden, wenn die Ammen nicht immerwährend zu ihnen kommen müßten, daraus zu saugen, um Futter für ihre Pfleglinge zu bereiten.

Aber das Jahr hat doch kaum erst richtig begonnen, und wozu soll da der Speicher auch schon voll sein?

Viel wichtiger als ein voller Speicher sind jetzt die tausend täglich neu schlüpfenden Bienen.

Ihr Feldbienen, bringt nur herbei, was ihr zu tragen vermögt! Holt Nektar und Pollen! Tragt die Fülle in den Stock herein, die Brut soll keine Not leiden!

Ganz unten an den Rändern der Waben sind von anderen Jahren her noch große Zellen geblieben. Sie sind viel größer als die Wiegen, aus denen die Arbeiterinnen schlüpfen.

Während dieser reichen Trachttage ist in den Bienen ein geheimnisvoller Drang wach geworden – eine Angst, eine Sorge vielleicht.

Nie hatte die Mutter mit dem Reichtum ihres fruchtbaren Leibes gespart. Und was wird sein, wenn ihre Kraft erlischt?

Es ist eine Art Angst, die die Bienen nun heißt, solange es an der Zeit ist, dem Bienendasein Bestand zu sichern, damit es in alle Zeiten der unendlichen Zukunft sprosse.

Die Sorge, kaum gewußt, kaum gespürt, ist geheimnisvoll da, hergeerbt von Urvorfahren.

Es ist kein anderes Gesetz als das, dem auch der Baum gehorcht, wenn er Blüten ansetzt und die Blüten prächtig macht, um die Bienen anzulocken, damit sie die klaffenden Narben bestäuben. Der Baum will fruchtbar sein, er will Samen tragen, damit er über den Tod siege. Und wenn er selber schon vermodert ist, so soll irgendwo, ferne von ihm, aus dem Samen seiner Frucht ein junges Bäumchen geworden sein.

Keine andere Sorge als die um die Fortdauer treibt die Korbbienen zu neuem Tun:

Die Putzerinnen machen sich über die großen Zellen her, sie reiben mit vielem Eifer die sechs Wände, die dreiflächigen Böden rein, und die Königin kann es kaum erwarten, alle zu bestiften.

Diesen Wiegen sollen Drohnen, Männchen, entschlüpfen. Die Eier, die die Mutter da hinein legt, sind besonderer Art.

In einer kleinen Blase, einem winzigen Teile des mütterlichen Ei-Lege-Organes, warten unzählige Samenfäden auf das vorübergleitende Ei, in welches, ehe es den Mutterleib verläßt, einige von ihnen eindringen.

So wird aus dem Ei ein weibliches Bienenwesen. Nur diese männlichen Samenfäden zwingen es, sich zum Weibchen zu entwickeln.

Die Königin hatte dieses prall gefüllte Bläschen nicht vom Anfang an gehabt. Sie hat es vor drei Jahren bei ihrem Hochzeitsfluge bekommen.

Wenn sie nun ihren Hinterleib in die großen männlichen Zellen taucht, sie zu bestiften, so gleiten wie immer die Eier an jener Samenblase vorüber, aber als ob die Mutter, in die Zukunft schauend, es so wollte und willentlich beeinflußte, bleiben die Samenfäden in ihrem Behältnisse, und das Ei gelangt unberührt, unbefruchtet von ihnen, in die Drohnenzelle.

Geheimnisvoll wie ihr Anbeginn wird das ganze Leben der Drohnen sein.

Die Mutter trennt sich schwer von den Drohnenbrutflächen; es ist, als wüßte sie nun auf einmal, daß sie, das vollkommene Weibchen, das einzige voll entwickelte Wesen im Volke, daß sie nichts wäre, ja auch nicht mehr lebte, wenn es zur Zeit ihrer Hochzeitsfreude nicht die anderen vollen Wesen, eben die Drohnen, gegeben hätte.

Das männliche Wesen war es, das ihr Bedeutung, Lebenserfüllung gegeben hatte. Über die Wiegen der fünfhundert werdenden Männchen schreitend, ahnt sie vielleicht auch, daß sie abermals ihr Schicksal werden können, anders zwar als damals, aber doch wieder.

Warteten nicht neugeputzte Arbeiterinnenzellen auf die Mutter, sie würde sich noch lange nicht von den Drohneneiern trennen.

Die immer neu schlüpfenden Bienen sind über alle Maßen notwendig. Wie könnte ohne sie all die viele Brut gedeihen? Nun sind doch auch die Drohnenmaden da; sie brauchen viel mehr Futterbrei als die werdenden Arbeiterinnen.

Der Pollen, den die Feldbienen heimbringen, bleibt

nicht lange im Lager, er wird bald geholt und in den Brei gemengt.

Und nun, da das Volk stark und mit jedem Tage bienenstärker wird, bereitet sich Großes vor.

Nicht dies ist es, daß aus den Drohnenwiegen, nachdem die Larven überdacht und sie darunter zu Puppen geworden sind, die Männchen schlüpfen, nicht das allein ist es, daß die ersten Drohnen von den Arbeiterinnen mit freudigem Flügelfächeln empfangen und sogleich von fürsorglichen Ammen mit Futterbrei gelabt werden, ein noch größeres Ereignis steht bevor:

Junge Bienen bauen, als ob sie es gelernt oder schon von jeher getan hätten, ein ganz eigenartiges Wachsgebilde an einen der Wabenränder. Es sieht aus wie das Schälchen einer Eichel, aber es ist viel kleiner und zarter.

Es ist der Ansatz, der Beginn für eine Mutterzelle, für eine Weiselwiege.

Das Volk will eine junge Königin.

Was hat es vor? Soll die jetzige Mutter ihre Rolle ausgespielt haben? Sind die Arbeiterinnen mit ihr nicht mehr zufrieden? Weshalb wollen sie ihr eine Nebenbuhlerin schaffen?

Sie soll nun in das Näpfchen ein Ei legen.

Keine Mutter duldet eine zweite Königin im Stocke. Und diese da soll selber Ursache werden, daß dem Volke eine zweite Mutter entstehe?

Sie will das Näpfchen nicht bestiften.

Um sie aber dennoch dahin zu bringen, um sie zu zwingen, es zu tun, hören die Putzerinnen auf, hinter den soeben schlüpfenden Bienen die Zellen zu reinigen, und so findet die Eischwangere keinen anderen Platz für ihre Eier, als gerade das vorbereitete Näpfchen.

Widerwillig, aber notgezwungen bestiftet sie es denn.

Gleich hernach putzen die Fegerinnen die vernachlässigten Arbeiterinnenzellen wieder, und die Mutter läuft rasch hin, ihrer Bestimmung gerecht zu werden.

Und für den nächsten Tag, daß es morgen bestiftet werde, bauen die jungen Haustöchter ein neues Schälchen.

Wieder zwingen die Bienen ihre Mutter, das ihr Unliebe zu tun.

Sie muß auf solche Weise vier Weiselnäpfchen beeiern, alle Tage ein anderes.

Aus dem Ei im ersten Näpfchen wird bald eine kleine Larve.

Es war ein ganz gewöhnliches Ei gewesen, ein befruchtetes Ei, aus dem eine Arbeiterin hätte hervorgehen können, wenn die Bienen es gewollt hätten. Aber sie hatten eine Königin haben wollen.

Die Ammen schütten einen ganz besonderen Brei in das Näpfchen. Es ist ein Brei aus reinstem Drüsensaft; kein Körnchen Blütenstaub macht die Kost der königlichen Larve schwer. Reichlich schütten ihr die Ammen davon nach. Und während sie das rasch wachsende Lärvchen pflegen, vergrößern junge Baubienen den Napf und machen eine geräumige, rundwandige Wiege daraus. Die Ammen schlüpfen dann vorsichtig in die runde Öffnung und gießen den von Tag zu Tag fester werdenden Brei um das wachsende Geschöpf.

Mit den übrigen drei Weisellarven geschieht nichts anderes; jede von ihnen ist um einen vollen Tag jünger als die andere.

Weshalb haben die Bienen nicht mit einer einzigen nachkommenden Mutter genug? Wollen sie denn das Gesetz beugen, wollen sie vier neue Mütter im Korbe haben?

Es kommt ein grauer Regentag. Am Himmel ziehen träg die Wolken.

Die Bäume triefen.

Die Moorgräben füllen sich mit schwarzem Wasser.

Das filzige Moos in der Waldblöße säuft sich voll.

Der Moorbach schwillt an, und das lange Gras an seinen Ufern schwimmt, von den Wellen geworfen, wie wehendes Haar.

Im Walde rauscht es von schweren Tropfen.

In die dürstenden Birken steigt Saft, und ihre hauchdünne Hülle zerplatzt, und der Wind spielt mit den feinen seidenen Fähnchen, die von den Stämmen flattern.

Für durstige Pflanzen ist das ein guter Tag, ein Rasttag ist er für die Bienen.

Sie müssen daheim bleiben.

Flögen sie aus, sie würden in den Blüten bloß Wasser finden. Die Regentropfen haben den Nektar aus den Kelchen geschwemmt.

Sie würden aber auch, von schweren Tropfen getroffen, zu Boden fallen, und ihre Flügel würden naß und schwer werden, und sie müßten zugrunde gehen.

Die Göttin, hinter den Wolken wandelnd, würde sie nicht trösten können, sie würde sie nicht anhauchen mit ihrem belebenden Atem.

Nur einige Wasserträgerinnen fliegen zu nahen Pfützen. Sie müssen es tun, da die Ammen nicht wüßten, wie sie sonst das Brutfutter bereiten sollten.

Da kommt dann freilich die eine oder die andere nicht mehr zurück; diese wird in eine Lacke geworfen, der anderen verklebt ein Wassertropfen die Flügel. Aber, gottlob, es sind nicht viele, die diesem Wetter zum Opfer werden.

Wie stark, wie mächtig ist doch das Volk geworden!

Die Bienen sitzen über allen Waben, und so eng sie auch beisammen hocken, sie haben dennoch nicht alle im Korbe Platz.

Vor dem Flugloche müssen sie sitzen, aneinandergehängt zu einer Traube.

Und auf der Schwelle stehen Flügelschlagende, die die zu warme Luft aus dem Stocke fächeln.

Bloß für die Hausbienen ist das kein Rasttag. Wie sonst pflegen die Ammen ihre Schützlinge, wie sonst putzen die Fegerinnen die leer gewordenen Zellen, und die Mutter säumt nicht, sie zu bestiften.

Schon am zweiten Nachmittag lichtet sich der Himmel, und es beginnt das Aus- und Einfliegen, wie es an allen schönen Tagen gewesen war.

Am anderen Morgen trübt keine Wolke mehr das Himmelblau, und alles geht seinen gewohnten, notwendigen Gang.

Der Schwarm

Sie wollen heute vom Korbe nicht weg.

Unter dem Tor hängt eine Traube, größer denn je zuvor, schwerer als in den vergangenen Nächten. Sie wollen nicht weg. Und dabei geht die Göttin mit weichen milden Schritten durch das Land, und kein Blatt wird von einem Windhauche berührt, und die Becher und die Kelche stehen voll Nektar, und rings und überall sind Blumen aufgeblüht!

Die dunkelgelbe Dotterblume in der nassen Wiese beim Bache wartet heute vergeblich der liebsten Gäste, umsonst duftet das Schaumkraut aus den Wiesen, und der Günsel, der Wundentröster, hält seinen lippigen Mund weit offen, als wäre die Blüte ein einziger Sehnsuchtsschrei.

Der Ehrenpreis steht, vom erbarmungslosen Grase an den Wiesenrand gedrängt, traumhaft am Rain. Seine kleinen Blüten tragen die Bläue des Himmels.

Der gelbe Bocksbart behauptet inmitten der grünen Halme mutig seinen Platz.

Unter Bäumen blüht trunkenen Duftes der Waldmeister.

Die Maiblume läutet mit silbernen Glöckchen. Zwischen dem Sauerklee kriechen die Stengel der Walderdbeeren, deren weiße Blüten, mit dem goldenen Kranze geziert, heute vergeblich, so wie alle anderen Blumen auch, auf die Bienen warten.

Was haben die nur vor?

Hat ihnen eine unsichtbare Hand Einhalt geboten?

Ist das eine Art? Ist es die Art der Fleißigen, in hellster Umarmung der Göttin müßig zu sitzen und daheim zu bleiben und untätig zu sein, wenn doch alles wartet und sich sehnt und im Übermaße Schätze anbietet?

Wald und Wiese blühen. Es ist der heiligste, klarste Tag, der stillste Tag; kein Wölklein segelt durch den Himmel, und kein Wolkenschatten huscht übers Land.

Welcher Geist ist bloß in die Mutter gefahren?

Sie ist wie umgewandelt.

War sie denn nicht immer die Würdige, die Bedachtsame, die still über die Zellen geschritten war, war sie nicht die gewesen, die nichts anderes kannte und nie etwas anderes wollte, als das Volk unendlich zu vermehren, als bloß Eier zu legen und immer wieder nur Eier zu legen?

Jetzt läuft sie planlos, aufgeregt umher. Da sie schlank und schmächtig geworden ist und beweglich wie kaum zuvor, ist es, als ob sie nun bar der Eier wäre. Hat sich ihr Mutterleib nach dieser großen Arbeit während der verflossenen Jahre erschöpft?

Die Drohnen waren an so warmen Tagen immer wichtigtuend und mit tiefem Tone brummend ausgeflogen, und nun betteln sie, da sie vom bloßen Honig nicht satt würden und auch kaum leben könnten, unentwegt die Ammen um Futterbrei an und tun nicht im geringsten so, als wären sie gesonnen, heute noch auszufliegen.

Nur die Brutammen und die Wasserholerinnen sind wieder eifrig; unbekümmert um die Trägheit der Schwestern fliegen sie emsig aus und ein.

Aber plötzlich, wie von einem Rufe geweckt, kommt Leben in die Müßigen. Die in den Gassen Hockenden rennen zum Speicher empor, fallen über den Honig her und saugen sich voll. Die Bienen von der draußen hängenden Traube laufen, als hätten sie den gleichen Ruf vernommen, in den Stock, eilen durch die Gassen, aufwärts zum Honig hin.

Und alle, deren Mägen und Honigblasen schon voll

sind, wirbeln an den sich Eindrängenden vorüber, zum Flugloche hinaus und überstürzen, überschlagen sich in der Eile. Ins Freie gekommen, brausen sie vor dem Stocke herum. Immer neue quellen aus dem Korbe heraus, es ist, als ob ihn alle verlassen wollten.

Eine dichte durcheinanderwirbelnde Bienenwolke tummelt sich laut summend vor dem Flugloch.

Die Mutter, von der ausflutenden Welle erfaßt, spürt sich zum Tore gedrängt, und schon will der lebendige Strudel sie mit sich reißen, da wehrt sie sich mit letzter Kraft gegen die Flut und rennt zurück, in die Mitte des Korbes. Sie hastet über die Brut, über die selbe Brut, die sie gestiftet, über dieselben Zellen, die sie mit Leben beschenkt hat. Sie begegnet ausgekrochenen, jüngsten Bienen. Soll sie etwa ihr Heim verlassen? Soll sie sich von der Stätte ihres fruchtbaren Wirkens trennen? Sie kommt an den großen Weiselwiegen vorüber. Über jeder von ihnen hockt ein kleines Träubchen von Ammen. Die älteste Mutterzelle wird soeben mit einem Brutdeckel verschlossen. Oh, sie möchte diese Wiegen zerstören! Bloß ihretwegen soll sie nun den Korb verlassen.

Sie merkt in ihrer großen Aufregung nicht, daß sie wieder, verzagt rennend, in die Fluglochnähe gekommen ist. Erst knapp vor der Quelle entreißt sie sich abermals dem Strome.

Die Töchter wirbeln immer noch aus.

Seit ihrer Hochzeit sind vier Jahre vergangen, vier Jahre lang hat sie den Stock nicht mehr verlassen.

Seit vier Jahren hat sie der Göttin Antlitz nicht mehr geschaut, und all diese lange Zeit über war sie, die Selbstlose, daheim geblieben, behütet und beschützt von den Töchtern, aber auch gehetzt von ihnen: Sie waren es gewesen, die sie genötigt hatten, diese Unzahl von Eiern zu legen.

Wehe ihr, wenn sie untüchtig geworden wäre!

Wehe ihr, wenn sie unfrüchtig gewesen wäre!

Sie will wieder in die ruhigere Mitte des Korbes laufen, aber da strömt ein Teil des Schwarmes zurück, um sie zu holen, und sie findet sich mit einem Male, von dem brausenden Wirbel erfaßt und wie von einer Welle getragen, vor dem blendenden Antlitz der Göttin.

Wie sie die Sonne erschaut, fällt all die Bangigkeit und Sorge um ihr gewohntes Heim von ihr ab, und sie spürt sich wie vor den vier Jahren schlank, gelenk und jung. Ihre Flügel haben Kraft! Sie schwingt sich weiten Bogens in die blaue Luft, und der Chor der jubelnden Töchter umbraust sie.

Die Ammen hatten schon einige Tage vor ihrem Ausflug aufgehört, die Mutter in dem üblich reichen Maße zu beköstigen, denn sie sollte schlank und flugtüchtig werden.

Die Hälfte des Volkes hat den Mutterstock verlassen. Junge Bienen, die erst gestern ihre ersten Flüge unternommen hatten, ältere, die der Hausarbeit längst entwachsen waren, Bienen jeden Alters sind im Schwarme. Auch Drohnen fehlen nicht. Sie fügen ihren tiefen Baß in das tausendstimmige Schwarmlied.

Eine leichtschattende Wolke, fliegt der Schwarm durch die laubigen Kronen der Obstbäume, wellt die Waldblöße entlang hinunter gegen den Bach, wendet und nimmt wieder Richtung gegen das Bauernhaus. Seit nun auch die Mutter unter ihnen ist, sich tummelnd wie sie, die Dreißigtausend, scheint ein ganz anderer Sinn über sie gekommen zu sein: Das Leben, das bisher von ihnen bloß Mühe und Besorgtheit geheischt hatte, heißt sie nun, losgelöst von aller Vergangenheit, froh und glückselig zu sein; es will nichts anderes von ihnen, als daß jedes sich tummle, tolle und sich bis in alle Ewigkeit freue.

Und jede will munterer sein als die anderen, und der Sang aller berauscht und betört jede.

Fliegen wir nur! Singen wir nur! Hierhin, dorthin, kreuz und quer. Ziehen wir Schleifen! Kreisen wir Bögen! Auf und ab! Lobet die Göttin, die uns umstrahlt! Lobet das Leben, denn es beschenkt uns mit Freude! Singet und jubelt!

Das Schwärmen ist das einzige Freudenfest der Bienen. Nichts vom Alltag haftet ihrem Treiben an. Jede Biene wird ganz sie selbst. Die Bande, die sie ans Volksganze fesseln, werden locker. Daß die Biene bloß ein geringes Teilchen des Großen sei, das scheint nicht mehr wahr zu sein.

Nicht zu lange währt die berauschte, die berauschende Freude, das allem Streben, allem Zielen entrückte Wirbeln:

Die Bienenwolke verdichtet sich, der Schatten, der über das Streugras der Blöße huscht, wird dunkler, und den Schwarm scheint ein bestimmtes Ziel zu locken.

Er umtost die einsame Föhre.

Ein paar Bienen setzen sich auf einen Ast, laufen erregt umher und suchen einen günstigen Anlageplatz. Als sie ihn in einer Zweiggabelung gefunden haben, bleiben sie ruhig hocken, und alsbald stellen auch andere ihren Flug ein, um sich zu den Wartenden zu gesellen.

Der Schwarm sammelt sich.

Biene hängt sich an Biene. Der Föhrenast, auf dem die Blütenträger wie gelbe Kerzen stehen, ist bald voll bedeckt, und die Nadeln sind unter wimmelnden Bienen verborgen. Schon nach wenigen Minuten hängt ein dunkler Bienenbart nieder, aber es will nicht recht Ruhe werden; immer von neuem lösen sich einige Bienen aus der Umklammerung der Schwestern, fliegen von der Traube ab und kommen wieder.

Die Mutter zieht eben ihre immer enger werdenden letzten Kreise um die Traube und fliegt dann rasch, ohne zu zögern, gerade auf sie zu, rennt auf ihr herum, als wollte sie allen sagen, daß sie ja nun hier sei, daß sie nun ruhig werden sollten.

Und wenn kurz vorher noch Hunderte, um das Kommen der Mutter besorgt, den schon hängenden Schwarm umsurrt hatten, so beruhigen sich nun auch diese, und sie vereinigen sich mit den übrigen. Nicht eine einzige Biene summt dann mehr in der Luft.

Obere Äste werfen Schatten über den Schwarm.

Lautlos, ohne ein Flügelchen zu rühren, hängen die Bienen.

Sie sind müde.

Die Rast behagt ihnen wunderbar. Ihre vollen Körperchen sind schwer. Ihr Proviant wird für länger als eine Woche reichen.

Es ist Mittag. Steil schaut die Göttin nieder. Aber sie wird das Land wieder verlassen, und die Schatten der Nacht werden kalt sein.

An dieser Föhre können die Bienen nicht bleiben. Was böte ihnen hier Schutz? Wo sind die Wände, die sie vor Stürmen bewahren würden? Wo ist das Dach, das sie schirmte?

Sollen sie zurückkehren?

Sie haben den Mutterstock verlassen, damit er sich verjünge. Die alte Mutter hat einer jungen, erst werdenden Königin Platz machen müssen.

Der Volksbaum soll nun aus jungen Wurzeln wachsen, denn das Bienengeschlecht darf nicht untergehen.

Haben die jungen Bienen und die alte Mutter nicht ins Ungewisse geschwärmt? Hat der Schwarm sich nicht allen Gefahren ausgesetzt? Ist er nicht preisgegeben den rauhen Nächten dieses Landes, den bös stürmenden Regen, die morgen vielleicht schon das Land durchbrausen werden? Zurück! Zurück?

Nur wenn sie nun ein Regen überraschte oder wenn ein rascher Wind herführe, nur dann würden sie wieder den Schutz des Korbes aufsuchen.

Das hieße, sich als eigene, selbständige Familie, die sie geworden sind, aufgeben.

Aber, von den goldenen Händen der Göttin bewahrt, bleibt der Schwarm noch ruhig am Baume.

Nach einiger Zeit des Rastens lösen sich ein paar Bienen von der Traube los und schwingen sich in die Lüfte.

Die zehn fliegen nach allen Richtungen, in den Wald, über das Moor, gegen das Dorf hin, wo andere Völker hausen, den Moorbach aufwärts, den Moorbach abwärts und einige sogar gegen den Berg zu.

Das sind Spürbienen, die dem neuen Volke neue Herberge, neue Wohnung erkunden sollen.

Sie waren schon vor Tagen, schon vom Korbe aus auf Suche gewesen, aber sie hatten keinen richtigen Ort gefunden. Mittlerweile war es hohe Zeit zum Schwärmen geworden, da die erste Weiselwiege schon knapp vor dem Verschließen gestanden hatte. Und das war seit jeher das Zeichen zum Aufbruch gewesen.

Die Spürbienen fliegen nicht am Boden hin, wo so viele Ausgänge von Höhlen, so viele Erdmünder gähnen. Eine Wohnung in der Erde kommt für Bienen nicht in Frage, ihre kostbaren Schätze, Honig und Pollen, müßten, vom feuchten Atem versehrt, darin verderben.

Sie wollen trockenes Quartier.

Werden sie es finden?

Sie suchen aufmerksam umher.

Sie belaufen Baumrisse, sie kriechen in Löcher, aus denen die Äste gemorscht sind. Hinter Ästen, die, sich seltsam verschlingend, Tore bilden, wähnen sie Höhlungen. Eine der Suchenden ist über die Blöße zum Walde geflogen. Sie hatte den nächsten Weg genommen. Durch die Äste schwirrte sie hin. Es sind viele Spechtlöcher da, sie sind klein und reichen bloß bienenlang ins Holz.

Im dunkelsten Walde erspäht sie schließlich ein großes Loch in einem Baume.

Widerlicher, scharfer Geruch dringt daraus hervor.

Sie kriecht mit großer Überwindung in die finstere Höhle. Es ist nicht auszuhalten da! An den Holzfasern hängen Haare, und vom Boden her riecht es bitter von Nüssen.

Immerhin: Die Höhle scheint groß genug zu sein, und das junge Volk würde wohl aufräumen und Ordnung machen; auch den Gestank würde es in kurzer Zeit vertreiben.

Aber in die vermutete Tiefe kriechend, findet die Kundschaftende doch, daß kaum die Hälfte des Schwarmes Platz finden könnte.

Um irgendwo anders weiter zu suchen, kehrt sie zum Ausgange zurück. An die Schwelle gekommen, möchte sie sich noch, ehe sie abfliegt, putzen; ihr ist, als wäre sie unrein geworden, als wären ihre Augen getrübt. An den Fühlern, den Trägern der heikelsten Organe, haften noch deutliche Spuren vom Geruch des üblen Nestes.

Sie ist gerade dabei, ihre Augen mit den Bürstchen der Beine zu fegen, und sie ist schon beinahe damit fertig, als sie, aufschauend, eines vor dem Eingang hockenden

Riesenungetümes gewahr wird. Es ist ein lichtgelbes Pelztier; zwischen den großen, weißen Zähnen trägt es eine von Erde umkrustete Nuß.

Als dieses Tier, das Eichhörnchen, die Biene vor seiner Wohnung hocken sieht, läßt es vor Schreck die Nuß fallen und flieht auf die andere Seite des Stammes.

Auch die Biene war nicht wenig erschrocken. Das Eichhörnchen hätte nicht zu fliehen brauchen, und es brauchte auch jetzt nicht so angstvoll und so scheu um den runden Stamm zu lugen, denn froh, daß ihr nichts geschehen ist, fliegt die Biene nun davon.

Sie hat Eile, sie muß Quartier suchen.

Sie erschaut den hohen, toten Baum, von dessen Ästen die grauen Flechten hängen, das wipfellose Waldgespenst, und sie steuert darauf los.

Die Blitzfurche hatte sie gelockt, aber ihr entlang rennend, findet sie nichts Gehöhltes, keinen Schlupf, keinen Raum für den Schwarm.

Verzagt um den halb entrindeten Baum laufend, entdeckt sie endlich einen Eingang in sein Inneres.

Diesmal schreckt sie kein böswillig wehrender Atem, diesmal duftet es süß aus der Höhle. Nach trockenem Holz duftet es.

Die Biene dringt in eine unbekannte, tiefe Dunkelheit vor: ein kleines Stück gerade, einen kurzen, schiefen Gang aufwärts und einen Schacht hinunter, bis sie einen großen Raum erreicht.

Am Boden liegt ein Gewirre von Halmen, Moos und Federn. Es riecht auch ein wenig nach Stroh.

Sie durchmißt rasch die Höhle, läuft dann schnell ans Licht des Tages und surrt, ohne sich erst zu putzen, davon und fliegt zur Schwarmtraube, die noch immer wartend an der einsamen Föhre hängt.

Sie setzt sich auf die äußeren Bienen und läuft mit zitterndem Körperchen über sie hin. Sie will mit dem raschen Bewegen ihres Leibes die Schwestern aufpeitschen.

Kommt! Kommt! Ich habe ein Nest gefunden! Kommt mit mir! Ich habe eine schöne Wohnung erspürt!

Sie gibt nicht nach: allen, allen, die sie erreichen kann, sagt sie das:

Kommt!

Und die Traube löst sich nun rasch auf. Es geschieht im Nu. Auch die Mutter ist schon im Fluge.

Die Botin trägt den Duft des neuen Nestes wie eine Fahne dem Gefolge voran!

Kommt! Kommt in die neue Wohnung!

Das ist kein Taumeln mehr, wie die Dreißigtausend jetzt dem Walde zustreben, das ist ein zielsicherer Flug auf deutlich gewiesenem Wege.

Bienen, Drohnen und Mutter vertrauen der einen, die voranfliegt.

Und dann erreichen die ersten den erstrebten Baum. Sie setzen sich an den Stamm, rund um das dunkle Loch. Sie schlagen mit den Flügeln, sie recken ihre Duftschilder den Ankommenden entgegen, und keine kann so das Ziel verfehlen.

Hohler Baum

Kommt herein! Kommt uns nach! Habt keine Scheu! Die Wohnung ist gut gewählt!

Einige machen den Anfang: Sie dringen in den runden Stollen vor. Eine lange Bienenreihe steht bis zur Kuppel des ehemaligen Spechtnestes. Und die Bienen bitten und locken die Mutter, sie soll ins neue Haus einziehen. Sie umspülen die noch Zögernde mit dem ihr vertrauten Volksgeruche.

Noch schreckt sie der fremde Nestduft.

Aber sie ist müdegeflogen, und schließlich gibt sie dem Locken nach, schreitet, über die Töchter steigend und über die Ruferinnen kriechend, in die neue Behausung.

Die Arbeiterinnen und die Drohnen folgen ihr in feierlicher Prozession.

Sie wirbeln die Flügel und strahlen aus den Duftgefäßen süße Wölklein.

Die Baumhöhle ist groß, sie könnte ein doppelt so starkes Volk aufnehmen.

Die Wände sind rauh, moderige Fasern hängen daran.

Feiner Wurmstaub rieselt aus Fugen und Rissen in der Kuppel.

Am Boden liegen Zweige, Federn, Halme, liegt Moos. Er ist nicht eben; er ist wie ein kleines Gebirge, zerklüftet, abgründig und furchig.

Es wird viel Mühe geben, viele Arbeit kosten, den Raum wohnlich zu machen.

Auch ist der Ausgang zu umwegig.

Der Schwarm macht sich nicht sogleich daran, Ordnung zu schaffen. Das erste, wichtigste nach dem brausenden Einzuge ist, daß er sich zu einem Ganzen, zu einer Traube sammle.

Es umschützen ihn doch Wände, und bewahrend überwölbt ihn die Kuppel.

Dreißigtausend kleine, eigene Leben, das ist der Schwarm gewesen, und die dreißigtausend kleinen Leben sollen nun zu einem einzigen großen werden, zu einem Volke.

Das Kleine, Unbedeutende, Einzelne muß auslöschen, es muß enden und aufhören; es muß sich zum Ganzen fügen und darin untergehen.

Wie sich nun der Schwarm in der Baumhöhle zur Traube formt, verschmilzt die einzelne geringe Biene in das Ganze.

Die Familie wächst in ihr Gesetz hinein: die Schwarmtraube reift zum neuen Volke.

Die Bienen hängen eng beisammen, ein großer, dichter Knäuel aus ineinandergewirkten Netzen.

Und tief drinnen in der Mitte sitzt die Wurzel aller, die Mutter.

Sie ist die Heilige.

Das Reifen währt stundenlang, aber gegen Abend hin wächst aus der Ruhe, die wie stilles Besinnen ist, das Erkennen der ersten notwendigen Arbeit.

Eine Truppe Bienen beginnt mit den scharfen Zangen die Kuppel glatt zu machen.

Und wenn sie früher wahllos und regellos durcheinander gegangen hatten, so haben sich nun die Bienen in der gereiften Traube geordnet, und ein Teil der Hängenden bildet einen Vorhang. Die große Wärme, die die übrigen, rund um diesen Vorhang Weilenden bewahren und auch vermehren, läßt die Baubienen Wachs ausscheiden.

Eine Wabe zu bauen, haben sich die jüngeren Bienen geordnet.

Unter den Bauchschuppen quillt aus ihren Drüsen weiches Wachs, das sich, erstarrend, zu kleinen, dünnen Plättchen formt. Sie schaffen sie mit den freien Hinterbeinen zum Munde und kneten und kauen sie.

Schüppchen um Schüppchen holen sie so.

Die obersten beginnen: Sie kleben das Wachs an die Kuppel, die anderen fügen ihren Teil zur werdenden Wabe hinzu. Zuerst sind nur regelmäßig dreiflächige, sechsseitige Zellgründe da, aber auf diese führen sie die Wände auf, alle bis zu ihrer richtigen Länge.

So wächst die Wabe.

Dabei werden die Honigblasen der Bauenden leer, denn sie bedürfen zu dieser Arbeit vieler Nahrung, vieler Wärme und auch vieler Kraft. Sie recken ihre Rüssel, um Futter bittend, den Untätigen hin, und diese geben ihnen gerne und willig.

Die ganze Nacht hindurch arbeiten sie.

Ist die Zelle nicht der zweite Mutterleib des Bieneneies? Und die Wabe, aus vieltausend Zellen gefügt, ist sie nicht der breit aufgetane Leib der Königin, der Mutter des Volkes?

Wohin sollte die Mutter die Eier legen, die schon jetzt, geweckt vom Safte, den ihr die Ammen wieder zu trinken geben, in ihrem Leibe werden? Wohin sollte sie die Eier legen?

Noch ehe die Himmelsgöttin ihr Licht durch die Wipfel des tausendbäumigen Waldes wirft, noch ehe ihre ersten taufrischen Strahlen den neubelebten Baum betasten, haben die Arbeiterinnen die eine Wabe fast fertig gebaut; sie ist groß genug, daß die eischwangere Mutter einen guten Tag daran zu tun haben wird, alle die jungfräulichen Zellen zu bestiften.

Die Wabe reicht bis an den unteren Traubenrand. Freilich, an ihren Rändern sind die Zellen noch kurz: in die oberen Wabenzellen schütten die Bienen den mitgebrachten Honigvorrat.

Es ist nicht bei dieser einen Wabe geblieben: zugleich mit ihr haben andere Bienen, eigene Vorhänge bildend, zu beiden Seiten ebensolche Waben aufgeführt. Sie sind zwar viel kleiner als die mittlere, aber auch sie wachsen von Stunde zu Stunde.

Und während draußen im Walde all die vielen Vögel den ersten tastenden Strahlen der Göttin feierlichen Sang zujubeln, entsprießt der Wurzel „Mutter" ein junger Trieb, ein Schößling für den großen Baum „Bienenvolk".

Ein Hundert – zwei – drei – viele – Hunderte Eier setzt die Mutter in großwerdender Spirale rings um das erste Ei ab. Erst als sie, an den Rand gekommen, unvollendeten, zu kurzen Zellen begegnet, sucht sie an der anderen Seite wiederum den Mittelpunkt der Wabe und beginnt da von neuem ihren spiraligen Weg.

Die Garde folgt ihr und reicht ihr zur richtigen Zeit den Futterbrei.

In den Spinnennetzen hängen funkelnde Tauperlen. Es ist noch kühl im Walde.

Farne stehen in Büscheln da, dunkelgrün. Als aber das Licht sie findet, leuchten sie wie Flammengarben auf.

Den klagenden Nachtkauz, die Eule, blendet die Göttin.

Hilflos sitzen die Nachtvögel, vom Lichtschimmer umschüttet, auf den Ästen, preisgegeben tagraubendem Getier.

Singende Wesen umschwirren den toten Baum, junge, zarte Geschöpfe umtanzen ihn freudetoll. Sie müssen ihn

kennenlernen, den Alten, sie müssen gründlich nach-
schauen, wo er ihnen Raum geboten hat und wo sein
hölzerner Leib für sie aufgetan ist.

Als ob sie nach bösem Winter in ein neues Jahr erwacht wären, gerade so neu hat das Leben für sie begonnen. Sie sind wahrhaftig ein neues Volk geworden:
an jeder Biene haftet der Geruch der neuen Wohnung, in
der sie doch erst eine Nacht lang geweilt hatten.

Damit kein Tag verloren gehe, damit keine Stunde ungenützt verrinne, fliegen Feldbienen aus, offene Blüten zu
suchen und Nektar und Pollen zu beuten.

In allem muß das Volk neu beginnen, da alles Vergan-
gene in den Bienen verwischt und verlöscht ist.

Kundschafterinnen spüren die Nektarquellen auf.

Die Heidelbeerstäudchen blühen noch. Der grüne Teppich reicht dicht an die vermorschenden, verwitterten
Wurzeln des toten Waldriesen heran, und die Spürbienen
müssen nur zu Boden fliegen, die weißgrünen Blüten, die
wie Glöckchen sind, zu finden.

Sie kehren bald, mit derbem Dufte beschenkt, tanzend
ins Volk zurück.

In einem Holzschlage ranken dornige Himbeerstauden.
Sie haben ihre weißen Blüten gehißt, und auch sie zu be-
fliegen, werben tanzende Bienen.

Andere finden am Waldrande den Wegdorn. Aus
seinem finsteren Laube leuchten dichte, weißlichgrüne
Blütenbüschel. Die Zweige sind mit spitzen Dornen be-
wehrt.

Der rotrückige Würger hat in einer Erle, dem Wegdorn
benachbart, sein Nest gebaut. Der Wegdornbusch ist sein
Lieblingsplatz geworden, seit er Blüten trägt. Stundenlang
sitzt er in seinen Ästen und wartet auf Beute.

So kommt denn, gerufen vom kräftigen Dufte, eine

kundschaftende Biene aus dem Baumvolke. Froh, daß sie eine neue Quelle gefunden habe, fliegt sie zu einem Blütenbüschel; die Kelche stehen voll Nektar, und während der willkommene Gast daraus trinkt, geben die Staubkronen ihren Duft hin.

Die Biene wird heimfliegen und Botschaft bringen, sie wird den Schwestern melden, daß sie reichen Schatz gefunden habe.

Aber der rotrückige Vogel hat sie entdeckt. Mit raschem Sturze fliegt er auf sie zu, gierig, als ob er halb verhungert wäre. Er erhascht sie.

Die erschrockene Biene, die der erbarmungslose Schnabel drückt, so daß ihre Flügel gefesselt sind, windet ihren Hinterleib, und ihr Stachel zuckt und fiebert. Aber er findet kein Fleisch, in das er sich haken könnte, und wirkungslos ist aus seiner Röhre ein feiner Gifttropfen gequollen. Der Mörder ist schlau genug gewesen, die Biene so und nicht anders zu fassen, und so muß ihre einzige Waffe ungenützt bleiben.

Er, der imstande ist, Mäuse zu überwältigen, er, der rauflustigste aller Waldvögel, der Nesträuber, er, der es sogar mit dem Kuckuck aufnimmt, er wird doch einer kleinen Biene Herr werden können!

Wenn er nun den Schnabel zudrückte und den Bienenleib zerquetschte, vielleicht würde dann der Stachel doch um den Schnabel herum wie ein Anker Grund finden, und dann würde er, die Biene überlebend, ihren Tod rächen: seine Muskeln würden den letzten Tropfen aus der Giftblase in die kleine Wunde des Schnabels pumpen.

Der Würger scheint die Biene nicht töten zu wollen. Er ist heute schon satt. Er arbeitet auf Vorrat.

Mit der Biene im Schnabel springt er auf einen Nachbarzweig und dreht sie auf einen spitzen Dorn.

92

Die hölzerne Nadel bohrt sich durch die Brust.
Tödlich versehrt, will die Biene noch die Flügel rühren, qualvoll sterbend, will sie sich befreien.
Ihre Beine finden keinen Halt, keinen Boden.
Keine Rettung!
Höhnisch rätscht der Dorndreher. Während er auf neue Beute wartet, verendet die Gemarterte.
Dicht neben ihr zucken auf anderen Dornstacheln gelbe Wespen, Hornissen, Hummeln, Käfer. Tote Bienen hängen starr da.
Diese toten Bienen waren Kundschafterinnen gewesen. So grausam sie auch geendet haben, so ist es doch noch gut gewesen, daß sie nicht hundert andere Bienen haben werben können, denn die hundert anderen hätte der Neuntöter ebenso an die Dornen gedreht wie diese wenigen.
Die Blüten des Löwenzahns stehen bis zum halben Vormittag geschlossen, aber wie auf Zuruf der Göttin tun sich die Knospen auf, und das Grün des Grases verlischt vor ihrer lauten Farbe.
Und von allen Stöcken, die im weiten Lande stehen, von den Völkern des Dorfes her, aus dem Baumvolke, eilen die Bienen herbei, den reichen Segen an Blütenstaub zu sammeln.
Die Last, die sie sich bürden, ist kaum zu schleppen.
Die Löwenzahnwiese ist zu tönender Windorgel geworden: laut summt es aus ihr von Tausenden von Bienen.
Mitten am Nachmittag aber, zwischen der dritten und vierten Stunde, schließen sich, wie auf geheimen Wink, die Blüten wieder, und ihre Gäste finden, auf diese Wiese eilend, nichts mehr von dem gelben Überfluß. Nur noch Knospen sind da.
Nach vergeblichen Versuchen, die Hüllen, die den

Kelch und die Staubgefäße bergen, zu öffnen, kehren die Enttäuschten heim und warten, auf den Waben sitzend, geduldig der Blühstunde des nächsten Tages.

Die Drohnen, die sich zum Schwarme gesellt hatten, betteln in der neuen Wohnung ebenso wie in der alten.

Und nun wie je geben ihnen die Ammen willig von ihren Säften.

Ohne die Pflegerinnen könnten die Drohnen nicht leben.

Die Baumhöhle wird schön und geräumig.

Die Hausbienen benagen die furchigen Wände, machen sie glatt, sie tragen den Müll, den Schutt hinaus, sie fegen den Boden rein und versuchen, ihn eben zu machen.

Sie arbeiten mit ihren scharfen Zangen daran, den jetzt noch gewundenen Ausgang gerade zu machen, denn die Flugbienen sollen ohne langen Umweg aus und ein können.

Und die Mutter legt in die vielen neu fertig gebauten Zellen ihre Eier.

Gewitter

Das Korbvolk ist verwaist und mutterlos zurückgeblieben.

In den Gassen ist es still geworden, die Hälfte aller flüggen Bienen ist fortgeflogen.

Die Honigkränze oberhalb des Brutnestes sind halb leer.

Da die Mutter, noch im Korbe weilend, schon einige Tage vor dem Schwärmen aufgehört hatte, Zellen zu bestiften, sind keine Eier und keine jüngsten Larven mehr in den Waben. Wohl aber ist eine Unzahl älterer Maden und eine noch viel größere Menge überdeckelter Puppen da.

Bald füllt sich der Stock mit jungen Bienen. Sie warten bloß das Erharten ihres Panzers ab, um sich dann im Hause nützlich erweisen zu können.

Das hat nicht aufgehört:

Die Brut will ihr Futter, und die Puppen bedürfen der Deckel, um sich darunter einspinnen zu können.

Vor dem Tore stehen die Pförtnerinnen. Schwerbeladene, Höschen Tragende, die in ihrem Arbeitseifer nicht verweilen wollen, lassen sie ohne weiteres ein, aber solche, die sich scheu und fremd benehmen, müssen sie peinlich untersuchen. Die Türhüterinnen sind in diesen Tagen sehr ängstlich, denn es steht viel auf dem Spiele.

Oft kommt es vor, daß Bienen des Baumvolkes, nach Honig suchend, in ihre alte Behausung zurückkehren wollen. Aber sie werden nicht eingelassen. Sie haben aufgehört, Schwestern zu sein, sie sind nun Angehörige eines eigenen, fremden Volkes und tragen auch ihren besonderen Geruch, wie alle anderen Fremden ihn tragen.

Was haben Fremde im Korbe zu suchen? Das wäre einfach: kommen, den so mühsam gesammelten Honig aus den Zellen holen und dann davonfliegen!

Übrigens, käme bloß eine einzige hinein, gelänge es bloß einer, da einzudringen, so nähme ein großes Unglück seinen Anfang.

Nicht um das leicht entbehrliche kleine Tröpfchen, das sie wegtragen würde, wäre es zu tun! Das wäre leicht zu verschmerzen, aber diese eine Biene flöge dann heim, in ihren eigenen Stock und würde dort tanzen: Kommt! Fliegt aus! Sucht! Beriecht mich doch! Ich habe reinsten Honig erspürt!

Kämen dann, nach kurzer Zeit schon, nicht zehn, zwanzig, hundert Geworbene?

Das Korbvolk, nicht übermäßig stark, würde dem immer ärger anschwellenden Sturme nicht standhalten können. Wenn es auch von Minute zu Minute durch jungen Zuwachs an Zahl zunimmt, so sind die Neugeschlüpften eben doch noch nicht wehrhaft.

Darum sind die Wächterinnen des verwaisten Stockes doppelt vorsichtig, und wenn eine verdächtige Biene sich einzuschmuggeln versucht, so fallen sie über sie her, zerren sie weg, und wenn sie sich wehrt, so jagen sie ihr die Stachel zwischen die Bauchringe.

Wenn nicht alles ringsum im Lande blühte, so kämen solche Kämpfe viel häufiger vor.

Noch unerweckt reifen die jungen Königinnen in ihren Wiegen. Vier Mutterzellen hängen an den Wabenrändern, und über jede haben sich, wiewohl sie sorgsam verschlossen sind, Bienen gesetzt, dem werdenden Wesen die richtige Reifewärme zu schenken.

Aber die Drohnen, was haben die zu tun? Den ganzen lieben Tag betteln sie die Ammen an und fliegen dann spazieren. Aber beileibe nicht am Vormittag, nein, erst wenn es draußen von der Mittagssonne gehörig warm ist, erst wenn jeder Winkel die Glut der Göttin widerstrahlt, zögern sie hinaus, eine kurze Weile ihre trägen Flügel zu schwingen. Bald kommen sie dann wieder und betteln aufs neue die Ammen an. Und dabei brauchten sie sich bloß zum Speicher hinaufzubemühen, dort würden sie genug des Guten finden.

Sie können aber mit Honig nichts anfangen, er gibt ihnen keine Kraft. Ihr Magen kann kein Blut daraus bereiten. Bald würden sie, mit ihm allein verpflegt, ermatten und schließlich zugrunde gehen.

Wozu nur dulden die Bienen das gefräßige Drohnengelichter? Zu Hunderten sitzen sie herum, das einzige, wozu sie nützlich sind, ist, daß sie am Abend und während der Nacht und auch am Vormittag über der Brut hocken und sie unter ihrer Wärme zur Reife bringen.

Es ist am vierten Tage nach dem Auszuge des Schwarmes.

Die Göttin schreitet groß aus dem Lande, glühenden Purpur schüttet sie darüber hin.

Die Stämme der Föhren, die das Moor säumen, stehen, als ob sie brennten, und ihre roten Äste sind wie Flammenzungen, und ihre dunklen Nadelbüschel sind wie schwebende Rauchwolken.

Der Berg brennt.

Der Tag ist schwül gewesen; die Vögel sind müde und still geworden, und auch jetzt noch schweigen sie in Bedrückung.

Die Bienen kehren vollbeladen heim, taumelnd, als wären sie trunken. Sie würden nicht säumen, noch einmal auf das heiß dunstende Feld, in den schwülen Wald zu fliegen, wenn die Göttin noch im späten Abend stünde.

Der blanke Mond kommt, und sein Licht ist groß und weit, wie das der Sterne, die unruhig flackern.

Es bleibt die ganze Nacht über schwül.

Den Bienen ist es im Korbe zu warm. Wenn sie drinnen blieben, so müßte die Brut vor Hitze verschmachten, müßte absterben, und so übernachten die Feldbienen draußen an der Korbwand.

Die Ammen bleiben dienstbar auf den Waben.

Die Mehrzahl der Maden hat sich eingesponnen, die braunen Deckel überdachen sie.

Gegen den Morgen hin wird es ein wenig kühler, und nach und nach ziehen sich die Bienen in den Korb zurück, daß die Kühle die Brut nicht berühre. Um die Dämmerzeit ist schon keine einzige mehr draußen.

Im Zwielichte des Morgens singen die Vögel; der Alp des Schweigens löst sich von ihren Kehlen.

Die Drossel im Schilfgeröhre des Moores, der Fink in den Buchenkronen, die Amseln auf den Fichtenwipfeln, sie alle haben ihre Stimmen wiedergefunden.

Aus den Grasnestern flattern die Lerchen lauten Jubels.

Der Dorndreher rätscht seinen mißtönenden Schrei und verspottet die Nachbarn, den Fink, die Amsel, den Stieglitz in den Disteln und auch das Rebhuhn.

Der Ruf des Kuckucks schreckt die kleinen Sänger.

Sobald aber die ersten Strahlen über den Berg her langen und an die Baumkronen tasten, verstummt der Wald. Kein Vogellaut mehr lebt auf.

Hat die Göttin das Schweigen geboten?

Seltsam! Die Spinnenfäden, die großen Netzgewebe, von Baum zu Baum gespannt, an jedem anderen Morgen reich mit Tauperlen behangen, tragen heute nicht einen einzigen Tropfen.

Trocken ist auch das Waldgras und das Gelaube, das

die Rehe äsen. Sonst, wenn sie das Gras geweidet haben, ist es Frühtrunk zugleich gewesen.

Das Wiesengras hat heute nicht den Glanz wie an anderen Morgen.

Aber voll, voll zum Überrinnen sind die Blütenkelche.

In dieser Nacht ist Nektar in die Becher gestiegen.

Als fürchteten die Bienen, daß durstige Strahlen der Göttin die Säfte trinken und die Kelche leeren könnten, fliegen sie mit Hast auf die Weide.

Sie suchen ihre Blumen auf, sie saugen. Ohne sich zu putzen, kehren sie heim, gießen die Beute in die Zellen, rennen ans Flugloch und wirbeln wieder auf Tracht.

Die bläulich-weiße Ackerskabiose, die Krauseminze, die ihren würzigen Duft verschwendet, die violette Glockenblume, in Wiesen, an den Rändern der Moorgräben läutend, die purpurrote, fast dunkelblaue Distel, der die Ziegen furchtsam ausweichen, die Schafgarbe, alle bieten den Bienen ihren klaren Nektar.

Und in Äckern, deren Halme zu knospen beginnen, wuchert der Ackersenf, und Millionen der lichtgelben Blütchen lechzen die Gäste herbei.

Wenn die Bienen nicht kämen, der Saft flösse über!

Durch den Wald weht ein dumpfer Ton.

In der Mittagsglut klüften sich die lehmigen, hartgetrockneten Wald- und Wiesenwege. Tiefe Abgründe, Schründe sperren den Ameisen den Weg.

Die Erde wird rissig.

Die Füchse kriechen in ihre kühlen Höhlen.

In ihrem Gehege warten die Rehe auf lindernde Nachtkühle.

Um die dritte Nachmittagsstunde steigt im Westen eine schwarze Wolkenbank auf; ein mächtiges, dunkles, zerrissenes Gebirge, brodelnd, als ob es kochte.

Dumpf, verhalten noch, rollt Donner.

Unerträglich ist allem Lebenden die Schwüle.

Die Bienen ahnen Gefahr; als ob der Tod sie jagte, schießen sie auf ihre Wohnungen los, diese zum Baume, jene zum Korbe, andere zu ihren Stöcken im Dorfe.

Noch strahlt die Göttin, noch steht sie klar am Himmel, und noch ist kein Schatten über eine der heimtrachtenden Bienen gehuscht, aber alle spüren das herannahende Gewitter; den ganzen Tag über schon haben sie es gefühlt.

Ihr Fleiß steigert sich in Fieber.

Heim, Honig ausschütten, wieder zu den Blüten hinaus, das ist ein Augenblick.

Nur hinaus, solange noch Saft in den Bechern steht!

Die schwarzen Wolken rasen her, Wolkenfetzen zuerst.

Schatten huschen kühl übers Land.

Heim! Heim, ihr Bienen!

Der Wind streift die Baumwipfel des Waldes. Die Bäume rühren sich, wanken.

Tod euch allen, die ihr noch säumt!

Wolken verhüllen das Antlitz der Göttin.

In die Bäume fährt ein Sturmstoß. Der Wald stöhnt.

Der Himmel ist grau.

Am Flugloche des Strohkorbes ist ein Gedränge, als flöge ein Schwarm zurück.

Wehe denen, die noch halben Weg zum Stocke haben!

Spätlinge kämpfen hart gegen den Wind. Er wirft sie hin und her; auf und ab schleudert er sie, und statt daß sie vorwärts kämen, schlägt jeder Stoß sie zurück.

Erste Tropfen fallen.

Der Wind zaust die Blätter der Obstbäume.

Torfstaub wirbelt im Moor auf.

Die Birken biegen sich.

Blitze durchzucken den Himmel, durchflammen ihn.
Schrille Knalle ängsten die Tiere.

Wehe euch Bienen, die ihr nicht rechtzeitig heimgekommen seid!

Einige, die im Moor geweidet hatten, trägt der Sturm gegen die Hütte, aber er jagt sie darüber hinaus, und sosehr sie sich auch plagen, sich aus seinen kräftigen Armen zu befreien, sich zum Korbe zu retten – es gelingt ihnen nicht. Er wirft sie auf die Erde, ins Gras, in den Saatacker, in die Gräben, in den Moorbach.

Ein heller Blitz zuckt in den Föhrenwald vor dem Dorfe. Ein Knall, vor dem die Erde zittert. Feuer loht zum Himmel.

Eine Föhre brennt, und die Flammen bedrohen ihre Nachbarinnen.

Aber knapp nach dem zündenden Blitze fällt schwerer Regen, und das Feuer verlischt.

O die armen Bienen, die das Heim nicht mehr erreicht hatten! Was wird mit ihnen geschehen?

Königinnen

Es ist ein schwer rauschender Gewitterregen gewesen; die Erdrisse hatten sich mit Wasser gefüllt, und der Lehm ist gequollen.

Die schwarze Moorerde hat sich vollgesogen.

Nun findet das Waldmoos, mit zarten Würzlein tastend, wieder reichlich Naß.

Des Nachts blinkt der Mondschein in tausend Tropfen. Leichten, übers Land ziehenden Wölklein leiht er seinen silbrigen Schimmer.

Zur Erde schauend, sieht er dort und da neben den großen Dingen Bienlein liegen, regungslos, erstarrt von der Nachtkälte. Auf Grashalmen hängen sie, an Ähren, auf die sie gekrochen waren; sie liegen auf den Moospölstern des Waldes, sie haben sich auf das Schilf der Moorgräben gerettet, und der Bach hat sie an die Ufer geschwemmt.

Überall, überall Bienen!

Lange schaut sie der Mond an, jede der Hunderte umspült er mit seinem blanken Lichte, jede behaucht er mit seinem Schein, aber sie rühren sich nicht, sie zittern nicht, sie zucken nicht, seine Strahlen können nicht beleben.

Lange vor dem Morgendämmern versinkt der Mond hinter dem Walde.

Die Sterne bleiben allein zurück.

Gegen die Frühe hin gurren Feldtauben, sie flattern aus ihren Nestern.

Der Frühwind schüttelt aus dem Laube die Regentropfen.

Die Spinnen weben neue Netze.

Aus Erdlöchern kommen die Hummeln.

Überall, im ganzen Lande, beginnen die Bienen ihr Werk.

Das Korbvolk und das Baumvolk haben gestern im Gewitter viele Bienen verloren, über hundert jedes.

Aber ist das Unglück denn so groß?

Sterben nicht zu jeder Stunde Erstgeborene, Älteste? Kein Tag vergeht, ohne daß nicht soundso viele ausflögen, ohne wieder zurückzukehren. Sie sind müde geworden, ausgeschunden, sie spüren den Tod in sich und wollen nicht im Stocke sterben. Oft versagt ihnen die Kraft mitten im Flug, und mitten im Flügelschlagen sinken sie zu Boden, hilflos. Ihr Körperchen zuckt, die Beine, die Fühler, die Mundzangen zittern, und manchmal versuchen sie noch, ihre Flügel zu spannen, zu bewegen, aber es ist vergebens: ihr kleines, geringes Leben verlischt.

An jede kommt schließlich die Zeit, jede mahnt und berührt der Tod.

Die im Frühling oder im Sommer Geborenen wollen nie im Stocke enden. Als ob sie von der Göttin Sonne Barmherzigkeit hofften, werfen sie sich sterbend in ihre Arme. Den Schwestern ist die Mühe des Leichenbergens erspart.

So, wie sie geboren sind, so vergehen sie, die einen zu der und die anderen zu jener Stunde.

Aber nun liegen so viele Bienen im Lande draußen, und es sind nicht die alten, nicht die todnahen; junge, noch lebensstarke hat der gestrige Regensturm hingesät.

Die kleinen Ufer der Pfützen sind gelb, wie mit Schwefelstaub gesäumt. Die Regentropfen haben den in die Luft gewirbelten Blütenstaub gefangen und ihn gleich den Bienen zu Boden geworfen.

Sonnenstrahlen streicheln sie nun. Liebevoll hätschelt die Göttin ihre Lieblinge, sie küßt sie, haucht ihnen Leben ein. Und die schon Zuckenden, in denen Lebensgeister sich rühren, überschüttet sie mit ihrer ganzen großen Liebe, und dann bewegen sie ihre Beine, erproben die Krallen, tasten sich, halb lahm noch, vor und klimmen am nächsten Dinge, das aufragt, empor, an Halmen, Hölzchen, an Gräsern.

Sie spüren, woher das Leben kommt, das wieder in ihnen erwacht.

Jeder Biene, die die Göttin findet, jeder, in der ein Seinsrest sich regt, gibt sie das volle, heilige Leben zurück.

Nach kurzer Zeit schon recken sie die Flügel, reiben sich die Augen blank, schwingen sich empor und suchen ihre Behausung.

Hoch in den Himmel schwebend findet die Göttin Sonne alle. Und jeder Biene schenkt sie ihre belebende Wärme. Freilich die, deren Zeit abgelaufen war, die will und die kann sie nicht mehr erwecken.

Die gestern noch so vollen Kelche sind leergewaschen; fast reines Wasser ist es, das in den Blütengründen steht. Es duftet schwach und schmeckt kaum süßlich. Das hat der Regen getan.

Und der Sturm hat den Pollen aus den Blumen gefegt, die Staubbeutel sind leer.

Es wäre für die Bienen ein verlorener Tag, wenn die Sonnenstrahlen nicht das Wasser aus den Kelchen tränken, wenn sie nicht mächtig wären, Knospen aufzuschälen.

Gegen Mittag ist wieder alles in vollem Fluge.

Die Bienen bringen Nektar und Blütenstaub.

Die Flugbienen des Korbvolkes rennen, unbekümmert um die Mutterzellen, die die Jüngsten bewahrten, vom und zum Speicher.

In der ältesten Weiselwiege rührt sich nun etwas. Schlafendes Leben ist erwacht. Der Wachsdeckel hatte sieben Tage lang die Puppe überdacht. Jetzt, zu einem lebensfähigen Wesen ausgereift, will sich die Jungfrau befreien.

Sie durchnagt rundherum bis auf ein kleines Bändchen den Deckel. Dann öffnet er sich und hängt wie eine Klappe herunter.

Die neugeschlüpfte Königin hat es sehr eilig. Sie spürt Hunger.

Sie ist kaum wertvoller als alle übrigen Bewohnerinnen des Korbes, sie ist weder Arbeiterin noch Mutter. Wohl ist sie aus ihren Anlagen heraus bestimmt, Mutter zu werden, aber wer weiß, ob sie dazu auch taugt?

Nachdem sie Honig genommen hat, läuft sie über die Waben. Sie fühlt und wittert, daß noch irgendwo andere Königinnen im Stocke sind. Sie rennt von einem Ende zum anderen, kreuz und quer.

Fände sie eine Nebenbuhlerin, eine andere Jungfrau, sie würde mit ihr kämpfen. Sie würde nicht nachgeben, und es müßte zum Schlusse eine von beiden tot liegenbleiben.

Suchend rennt sie durch die Gassen.

Wehe, wenn sie eine zweite Königin trifft!

Wo steckt sie nur?

Die jungen Bienen hängen wie ein dichtes Tuch um die Zellen, die die anderen Jungfrauen bergen.

Oft rennt die schon Befreite über diese kleinen Träubchen.

Sie ist eifersüchtig auf die Unsichtbaren. Hingen die Bienen nicht schützend darüber, sie würde die Zellen samt den Puppen zerstören.

Sie stößt einen Ruf aus:

Tüt-tüt, tüt-tüt!

Wo steckst du nur, du, die mir die Mutterschaft streitig machen will?

Tüt-tüt!

Ich bin im Rechte, da ich zuerst gekommen bin!

Tüt-tüt!

Ich will im Stocke bleiben! Komm, kämpfe mit mir! Mein Stachel wartet! Auf dich allein wartet er!

Tüt-tüt!

Nachts wird der Stock voll von Feldbienen.

Die junge Königin rennt über sie hinweg, ruft, ruft die ganze Nacht.

Endlich, am Morgen des anderen Tages, kommt aus einer Weiselwiege Antwort:

Kwah-kwah!

Das ist die zweitälteste Jungfrau. Das Deckelchen hält ihre Wiege noch verschlossen. Sie meldet ihrer älteren Schwester:

Ja, ich bin da!

Und sie benagt den Deckel; nur eine kleine Fuge öffnet sie. Sie ist hungrig. Sie reckt ihren Rüssel aus dem Spalt hervor, und ihre Behüterinnen reichen ihr Nahrung.

Tüt-tüt! schreit die Freie.

Komm doch, zeige dich, Verborgene!

Aber die wagt sich nicht heraus. Sie getraut sich nicht, den Deckel ganz aufzumachen. Sie antwortet bloß auf die Herausforderung, gibt kund, daß sie da sei:

Kwah-kwah!

Nach langer Zeit, als es wieder dunkel ist und die Feldbienen heimgekehrt im Stock hocken, meldet sich auf das herausfordernde Tüten ein zweites Kwah.

Und die ganze Nacht über rufen die erzürnten Königinnen einander zu.

Übermütig, als wäre sie im Falle des Kampfes ihres Sieges sicher, ruft die Freie die beiden noch Wartenden.

Den ganzen Vormittag noch hallt Ruf und Gegenruf durch den Stock.

Ein strahlender Vormittag ist das!

Aber wieder, wie es schon einmal vor Tagen war, versagen die Feldbienen den Blumen ihren Besuch. Und wieder bricht um die Mitternachtsstunde ein Aufruhr im Volke los. Die Bienen rennen zum Honig, saugen ihre Ranzen voll, fluten aus dem Korbe.

Tüt-tüt! ruft in Aufregung das freie Weibchen.

Kwah-kwah! geben ihr die beiden anderen zurück.

Sei es nun, daß sie plötzlich, weil es ernst zu werden scheint, Angst vor der Übermacht zweier Feindinnen bekommt oder daß der Trubel sie erfaßt, sie fliegt mit den ausziehenden Bienen ab.

Ihre Flügel sind stark und kräftig. Sie kann sich hoch in die Lüfte emporschwingen, höher, als ihre Mutter es vermocht hatte, gewandter und flinker. Sie ist noch nie Mutter gewesen, nie noch hat sie ihren Leib schwer gespürt.

Sie verläßt mit der Hälfte aller Bienen den Stock.

Und nun wundern sich die Kwahkerinnen wohl, daß sie nicht mehr herausgefordert werden. Sie sind es nun die fragen:

Bist du da?

Keine Antwort.

Nur das Brausen der auswirbelnden Bienen ist im Korbe laut.

Rasch nagen die Eingeschlossenen die Deckel auf, und die Bienen helfen ihnen dabei. Sie sind in ihren Wiegen vollends ausgereift.

Ihr Panzer ist hart geworden, die Flügel sind kräftig.

Da sie ja durch den Deckelspalt Nahrung bekommen haben, ist es nicht ihre erste Sorge, zum Honig zu laufen.

Sie rennen aus den Zellen, die Tüterin zu suchen, sie zu bekämpfen.

Sie geraten in den Schwarmtaumel, das Fieber ihrer unvollkommenen Schwestern, der Arbeiterinnen, erfaßt sie.

Sie schwirren mit ihnen ins Freie.

Hoch, hoch oben, weit über den Obstbäumen, tummeln sich nun die drei Königinnen im Schwarme.

Keine Last beschwert sie.

Keine weiß noch von der anderen, jede wähnt sich allein, jede fühlt sich als die künftige Mutter des werdenden Volkes.

Die Schwarmwolke bewegt sich gegen das Dorf. Im Walde davor, im Wipfel der höchsten Föhre, sammeln sich die Bienen zu einer Traube.

Die drei jungen Königinnen sind rings von ihnen umgeben.

Ein Schwarm, ein Volk mit drei Müttern?

Niemals kann das sein!

Eine Mutter kann ihre Mutterschaft nicht teilen.

Die drei haben, als die Bienen zur Ruhe gekommen waren, voneinander Spur bekommen.

Der Geruch der anderen reizt jede.

Sie laufen durch das Bienengedränge und suchen einander.

Ihre gekrümmten Stachel zucken gereizt.

Die Königinnen richten ihre Waffen niemals gegen andere Wesen als gegen ihresgleichen. Ihr ganzes Leben lang bewahren sie sie auf, nur für Königinnen, die vielleicht einmal, sei es früh, sei es vielleicht erst gegen das Ende ihres Leben hin, ihnen das Herrscherrecht streitig machen könnten.

Welche wird in diesem Kampfe, der jetzt in der hängenden Traube beginnen soll, wohl Siegerin bleiben? Welche von den dreien soll Mutter des neuen Volkes werden?

Auch die beiden Jüngsten sind Feindinnen. Sie haben einander, kampfwütig rennend, getroffen. Sie fahren aufeinander los. Ihre schlanken Hinterleiber krümmen sich zueinander, ihre Stacheln suchen nach Widerstand. Sie surren zornig.

Die Bienen, über deren Rücken sich der Kampf abspielt, kümmern sich nicht darum, sie mengen sich nicht ein.

Ineinander verkrampft fallen die beiden Kämpfenden von der Schwarmtraube, vom Wipfel der Föhre zu Boden.

Jetzt wäre die Älteste, die Tüterin, kampflos Siegerin geblieben. Ohne daß sie sich als die Tüchtigste erwiesen hätte, wäre sie zur Volksmutter geworden, wenn nicht eine der beiden Gestürzten zurückgekommen wäre.

Im Fallen noch war es der Allerjüngsten gelungen, ihrer älteren Schwester den Stachel zwischen die Bauchringe zu treiben und ihr ein Tröpfchen des lähmenden Giftes ins Blut zu gießen. Und noch im Fallen hatte sich die Siegerin aus der Umkrallung der tödlich Verwundeten lösen können. Dann war sie, während die andere tot zu Boden fiel, zum Schwarme zurückgeflogen.

Aber bei den Bienen angekommen, wittert sie wieder eine Nebenbuhlerin.

Und auch die andere, die sich schon als Alleinigherrscherin gefühlt hatte, erriecht die Feindin. Sie, die ihre Muskeln schon durch Tage hindurch erprobt hatte, sie, deren Panzer doch schon viel härter ist als der der Kwahkerin, sie rennt auf die Jüngere los. Sie zerbeißt ihr mit ihren Zangen die Flügel. Sie wehrt mit ihren Beinen den drohenden Hinterleib der andern ab, krümmt den ihren und überwindet nach hartem Kampfe ihre letzte Nebenbuhlerin. Lange hält sie ihren Stachel in der klaffenden Wunde, so lange, bis die Besiegte kein Lebenszeichen mehr von sich gibt. Dann läßt sie sie fallen.

Der Kampf ist entschieden.

Die Erstgeborene hat sich bewährt, sie hat eine Siegerin besiegt. Sie hat Kraft und Gewandtheit erwiesen.

Sie hat es verdient, Wurzel eines Baumes, Schoß einer Familie zu werden.

Jetzt erst erkennen die Bienen sie an. Sie nehmen sie in ihre Mitte auf, sie sind bereit, sie zu behüten, ihr Leben für sie zu opfern, daß sie erhalten bleibe, sie, die Wurzel.

Zwei Stunden oder länger bleibt der Schwarm im Wipfel der Föhre.

Gestern hatten Spürbienen Wohnung gefunden.

Nun, nach dieser Ruhepause jagen sie mit peitschenden Körpern den Schwarm auseinander und weisen ihm den Weg.

Es geht gegen das Dorf zu.

Die Dorfkirche ist rissig. Die Mauer des Turmes klafft.

Die Spürbienen kriechen durch die Spalte und locken die anderen.

Bis oberhalb der Glockenstube, bis ins Helmgebälk des bauchigen Turmdaches reicht der Riß, den die junge Königin, von den Lockenden gewiesen, von den übrigen gefolgt, durchschreitet.

Zwischen Dach und Balken ist ein guter, windgeschützter Raum. Es ist dämmerig hier drinnen, gerade richtig für ein Bienenvolk.

Vielleicht ist bloß der Eingang etwas zu beschwerlich.

Aber die Lichtgöttin weist einen schönen Weg:
Durch eine Schindelfuge schickt sie einen goldenen
Strahl, und so finden die Bienen das beste Flugloch.

Sie hängen sich an einen quer durch den kleinen Raum
führenden Balken.

Der Nachschwarm reift zum Volke.

Der einschrägende Sonnenstrahl lockt heute weder
Biene noch Drohne zum Ausflug.

Still sitzt die jungfräuliche Königin.

Morgen, ja morgen...

Hochzeit

Einen Tag, nachdem der Nachschwarm mit den drei jungen Königinnen den Strohkorb verlassen hatte, war auch die vierte und letzte der Jungfrauen aus der Wiege gekrochen.

Die Bienen hatten sie freudig empfangen, denn sie war es, die nun Mutter werden sollte.

Das zweimal geteilte Korbvolk ist schwach geworden, zu viele sind abgeflogen, nur noch einige zehn Flugbienen sind da, sonst lauter jüngste Hausbienen.

Die junge Königin soll nach ihrer Hochzeit Mutter werden, sie soll den Stock wieder füllen, das Volk vermehren.

Die Abziehenden haben viel Honig mitgenommen, aber im Überflusse ist Pollen da. Pollen, wozu jetzt nur Pollen?

Die letzten Maden, noch Töchter der alten Mutter, spinnen schon die Gewebe über sich und warten ihre volle Schlupfreife ab.

Das Volk ist nicht stärker, als es knapp nach dem Winter gewesen war. Zwar schlüpfen immer noch junge Bienen, aber wie lange wird das andauern? Was wird sein, wenn die letzte Brutzelle leer geworden ist?

Die Ammen kümmern sich mit einem Male um die Drohnen, so, als ob sie die wichtigsten Mitglieder des Volkes wären. Sie wenden ihre ganze Sorgfalt an die Männchen. Den Satten sogar, die doch gar nicht darum betteln, bieten sie ihren Brei an.

Sie werden nun stark, kraftstrotzend, und ihre dicken Leiber glänzen.

Die junge Königin beachten die Ammen viel weniger;

sie soll sich doch selber, wenn sie Hunger spürt, Honig aus den Zellen holen.

Sie ist unruhig.

Bienen locken vor dem Flugloch. Junge, die zum erstenmal über die Schwelle geflogen waren, halten ihr Vorspiel. Aber es sind auch Ältere darunter, die längst schon, von vielen Ausflügen her, den Stock kennen; auch sie tanzen spielend vor dem Tore. Sie tun nichts dergleichen, als ob sie fortfliegen möchten; sie halten ihre Köpfe dem Flugloch zugewendet, als erwarteten sie dort ein besonderes Ereignis.

Dann mischt sich in ihr hohes Gesumme der tiefe Baß von Drohnen.

Die jungfräuliche Königin ist aufgeregt. Oft und oft rennt sie zu den von allen Bienen verlassenen Weiselwiegen, zu schauen, ob denn auch wirklich keine andere Jungfrau mehr da sei. Es ist wichtig für sie, das zu wissen. Durch alle Gassen rennt sie. Zu den Wiegen zurückkehrend, sieht sie, daß einige Bienen dabei sind, die Mutterzellen zu zerstören. Das beruhigt sie ein wenig.

Manchmal bleibt sie mitten im Laufen stehen, beschaut sich die Zellen, als ahnte sie, daß sie wichtig werden sollten. Freilich, sie versucht nicht, ihren Hinterleib in die Wiegen zu schieben, denn noch drängen keine Eierchen, noch hat sie auch kein Tröpfchen des eibildenden Breies getrunken, und sie ist schlank und gelenk wie in der ersten Stunde.

Oft trifft sie Drohnen, und da ist es ihr, als wehe ein heißer Hauch über sie hin. Sie erschauert seltsam.

Bienen kommen zu ihr; zärtlich betasten sie mit den Fühlern ihren Leib.

Du sollst Mutter werden! Sieh, die Zellen, die vielen leeren Zellen warten auf deine Frucht!

Und vor dem Flugloche rufen die Drohnen mit ihren tiefen männlichen Stimmen:

Die Braut! Die Braut! Wo ist die Braut?

Die Göttin Sonne, hoch am Himmelsgewölbe stehend, klopft mit ihren güldenen Fingern an die Strohwand:

Komm in mein Licht, jungfräuliche Braut! Du sollst Mutter werden! Hochzeitlich habe ich das Land geschmückt! Komme, du Braut! In meinem Licht feiere deine Hochzeit!

Der heilige Augenblick kommt.

Übermächtig wird in dem jungen Weibe der Mutterdrang. Die Braut verläßt die Brutwaben, taumelt in Glückseligkeit über die Schwelle und kreist, vom hellen Glanze empfangen, vor dem Korbe herum. Sie beschaut, so wie es auch die jüngsten Bienen immer tun, ehe sie weite Flüge wagen, den Stock.

Während sie vor dem Tore ihre Kreise zieht, kommen die letzten Drohnen aus der Burg.

Endlich, da die Jungfrau das Bild des Stockes und seiner Umgebung tief und unauslöschlich inne hat, schwingt sie sich hoch in die blanken Arme der Göttin, sie schwingt sich empor, ihr entgegen, nahe bei ihr die Hochzeit zu feiern.

Ihr Leib soll mütterlich, früchtig werden!

Es ist, als wollte sie sich mit der Sonne vermählen, nicht mit einem der Männchen, die sie umschwärmen, umsingen und die sie zu haschen suchen.

Die junge Königin kümmert sich nicht um sie, nur hoch empor will sie kommen, nahe zur Göttin.

Keine einzige Drohne hat im Stocke bleiben mögen. Auch Männchen aus anderen Stöcken, die sich um diese Zeit im Freien getollt haben, sind, das Weibchen witternd, hergekommen. Nun fliegen sie der Königin nach.

114

Hoch oben mit der Jungfrau schwebt die Drohnen-
wolke.

Es sind einige Männchen dabei, denen jetzt schon die
Flügel versagen. Sie können den tollen Hochzeitsflug
nicht mitmachen und bleiben zurück.

Die Unmüden aber weichen nicht von der Braut, die
mit leichtem Leibe, mit jungen Flügeln ihre Kreise empor-
schwirrt.

Was nützt den Drohnen ihr gieriger Eifer, was fruch-
tet ihr brünstiges Gebrumme und Gesurre, was alles Werben und Schmeicheln, wenn sie der Begehrten nicht zu
folgen vermögen, wenn ihre Kräfte geringer sind als die
der Jungfrau?

Ein schwindelnder, rasender, atemberaubender Flug ist
es.

Schwächlinge können nicht mit.

Das Land liegt klein unter ihnen. Der riesige Wald ist
zu einem kleinen Inselchen geworden. Das Moor ist ein
dunkler Fleck. Das Dorf ist ein Sandhäufchen, und der
Berg liegt wie ein Hain da unten.

In dieser Höhe ist das Drohnengefolge klein geworden.
Bloß zwanzig Männchen haben es vermocht, der Königin
nachzukommen. Aber was ihr noch ein leichtes, freudi-
ges Spiel ist, das wird vielen von den Werbern schon zur
unfrohen Plage. Bei jedem Kreise, der die Jungfrau höher
trägt, bleibt eine, bleiben zwei oder drei Drohnen zurück.

Stolzes, unerreichbares Weib!

Die Stärksten wenden letzte Kraft auf. Augenblicke
lang überwinden einige der restlichen zehn die lähmen-
de Müdigkeit. Zu rasten, nur ein wenig sich zu erholen,
verlangsamen andere ihren Flug, aber dabei bleiben sie
weit hinter der Tollen zurück, und unmöglich ist es ihnen dann, sie wieder einzuholen.

Fünf Drohnen sind noch dicht und nahe um die Königin, bloß fünf!

Von drei- oder vierhundert Männchen haben sie sich als die fünf stärksten erwiesen.

Langsamer wird der Flug der Braut. Auch sie spürt Müdigkeit.

Eine Drohne will sie haschen.

Noch hat sie Kraft zu entfliehen, und nur zwei der Männchen vermögen es, ihren Höherschwung mitzumachen.

Letzter Kampf.

Welche von beiden Drohnen ist stärker? Welche ist die kräftigste aller vierhundert Drohnen?

Die Göttin der Bienen, die Blütenstreuende, sie, die ihnen den Tisch deckt, sie, die aus dem dunklen Keller der Erde den Wein holt, ihn in die Blumenkelche zu schütten, sie, die das Land dem Winter preisgibt, damit seine Kälte das Schwache töte, sie, die Mächtige, die nur das Mächtige liebt, sie, die die Kraft des Starken mehrt und, ihrem Gesetze folgend, das Schwache dürrt, sie, die den Bäumen Früchte, den Blumen Samen, den Wurzeln Schößlinge gibt, sie, die den Schnee schmilzt, das Eis sich vertränen läßt, sie, die ewig sieghafte, die Göttin allen Lebens, allen Seins, aller Wesen, sie ruft mit ihrem klaren Lichte, mit ihrer barmherzigen Wärme die jungfräuliche Braut aus ihrem Erschlaffen auf:

Zu mir – zu mir! Komm zu mir!

Und sie gehorcht.

Zwei Drohnen fliegen um die Wette.

Die um ein geringes nur schwächere soll nicht Gatte werden!

Die mit höchster Kraft beschenkte soll die Königin erhaschen!

Der mächtigsten Drohne Same soll begnadet sein, fortzuwirken in alle Zeiten hinüber.

Und eine der Drohnen kann den letzten Schwung nicht mehr tun, bleibt zurück.

Der Liebesstarken gewährt sich die Jungfrau.

Hoch über aller Erde feiern Mann und Weib Hochzeit.

Seinen Samen, den lebendigen, den fortwirkenden, schenkt der Mann der Braut.

Und mit dem Gefäße des Samens, das in den bereiten Leib des Weibes fließt, strömt das ganze und letzte Leben in die Mutter über.

Der Körper der Drohne fällt leblos zu Boden.

Die Vermählung ist geschehen.

Die Mutter gewordene Königin wendet sich der Erde zu. Ihr Leib trägt den Schleier, das Mutterzeichen: das Männliche der Drohne beflort ihn.

Mühelos findet sie den Korb.

Die Bienen warten flügelschlagend an der Torschwelle. Sie wolken ihr den Duft des Stockes entgegen.

Nichts anderes als eine von der Natur bevorzugte und von Ammen verhätschelte Schwester war sie den Bienen gewesen, nun aber, da sie begattet zurückkehrt, tun sie, als wäre sie ihre leibliche Mutter.

Eine Garde bildet sich, und wenn sie nach Futter verlangt, so reichen ihr die Beschützerinnen den ihr gebührenden Brei.

Und der Brei, die Milch der Ammen, beginnt in ihrem Leibe zu wirken.

Noch mit dem Mutterschleier behangen, schreitet sie über die Waben, langsamer, würdiger als früher; die Eier reifen in ihr.

Die Drohnen, die zu früh müde geworden waren, die versagt hatten, sitzen rastend in den Wabengassen. Es sind auch Stockfremde darunter. Die Wächterinnen hatten sie nicht behelligt. Drohnen sind überall zu Hause; in dieser Zeit, in der Überfluß herrscht, werden sie von allen Völkern als Gäste geduldet. In jedem Stocke, in dem eine Hochzeit gefeiert werden soll, finden sie Aufnahme, denn irgendeinem Männchen das Gastrecht verweigern könnte sehr leicht das gleiche bedeuten, wie ein Männchen, das vielleicht zum Gatten bestimmt wäre, von der Jungfrau fernehalten. In jedem zukehrenden Männchen ahnen die Bienen den Vater aller künftigen Wesen.

Nun ist die Königin Mutter geworden! Wozu sollen die Drohnen noch nützlich sein? Was haben sie jetzt noch zu wirken, die Bettler?

Wären nicht genug beschäftigungslose Ammen da, wären nicht genug Haustöchter, die ihre Säfte loswerden müssen, im Stocke, wäre schon Brut da, die nach Nahrung verlangte, wer weiß, ob die Drohnen noch so gute Tage hätten?

Jetzt sollen sie nur bleiben! Mögen sie bleiben!

Nachmittags, da sie ausgerastet sind, summen sie fort, lustwandeln im hellen Sonnenglast, surren hier hin, dahin, und wenn sie Hunger spüren, kehren sie in den nächsten Stock ein, betteln um Futter und fliegen, wenn es ihnen behagt, wieder sorglos aus.

An diesem Nachmittage aber kommt früher als sonst die Stunde ihres Daheimbleibens.

Über Nektar suchende, über Pollen sammelnde Bienen huschen kühle Schatten.

Das Gras wellt, vom Winde berührt.

Die Kornähren wogen.

Der Himmel trübt sich.

Heimgekommene Bienen hüten sich, wieder auf Tracht

zu fliegen, denn immer dunkler und kälter werden die Wolkenschatten, und die Blumen schließen sich früh. Der anschwellende Wind rüttelt sie, daß die Stengel schaukeln und die Knospen zittern.

Die Wolken verhängen das letzte blaue Himmelsfenster. Es wird regnen.

Todesangst

Am selben Tage, an dem die junge Korbmutter ihre Hochzeit gehalten hatte, hätte auch die Königin des Turmvolkes Hochzeit feiern sollen. Wäre sie doch aus dem winkeligen Gebälke durch die Schindelluke des bauchigen Turmdaches geflogen

Die Bienen hatten nachtsüber eine kleine Wabe gebaut, groß genug für dieses kleine Volk. Sie hatten auch den mitgebrachten Honig in die ersten oberen Zellen gegossen. Und dann hatten die Baubienen begonnen, neben der mittleren noch zwei viel kleinere Wäbchen zu errichten. Sie hätten sie wohl gerne größer gemacht, aber für den Anfang mußte es genügen.

Schon am Vormittage waren die Bienen und besonders die mitgeflogenen Drohnen bemüht, das noch jungfräuliche Weibchen ins Freie zu locken. Die Drohnen summten tief und schwirrten wie toll vor dem seltsamen Flugloch umher.

Die Braut! Die Braut! Wo ist die Braut?

Aber vielleicht hatte sie sich vom gestrigen Schwarmfluge noch nicht genug errastet; sie verspürte keine Lust, die Bienentraube, die um die kleinen Waben gehangen hatte, zu verlassen.

Dann kamen erste Honig- und Pollenbringerinnen. Da näherte sich die junge Königin, vom erwachten Eifer aller umbrandet, dem Lichtspalt in den Dachschindeln, und es hätte nur des Flügelhebens, nur des kleinen Entschlusses dazu bedurft, damit sie im nächsten Augenblicke mitten in der Schar der lockenden Drohnen gewesen wäre, aber sie war zu wenig in Hochzeitsstimmung, als daß sie das Locken und Werben der Männchen gerührt hätte.

Kurz nach der Mittagsstunde wurden dann die Bräutigame ungeduldig und auch hungrig; also kehrten sie durch den Spalt in den Turmhelm zu den Waben zurück, um sich laben zu lassen.

Die Hausbienen reichten ihnen den Saft.

Nach einer kleinen Weile des Rastens fingen sie an, auf den kleinen Waben herumzulaufen, mit der Ungeduld des verwarteten Vormittags im Leibe.

Ihnen begegnend, erschrak das junge Weibchen oft und oft sanft, ein linder Rausch wurde wach in ihr, und wie von immer mächtiger anrollenden Wellen bewegt, kam sie an die Türschwelle und schickte sich an, sich hinauszuschwingen; aber da geschah es, daß der kühle, dunkelnde Schatten einer Himmelswolke das Turmdach beschlich, und davor wäre auch jede andere Königin zurückgeschreckt.

Selbst die ungestümen, liebesbrünstigen Drohnen, die schon gewonnenes Spiel gewähnt hatten, flohen so schnell wie nur irgend möglich zu den sicheren Waben. Rasch eilten sie in ihre Behausung, und der Andrang am kleinen Pförtchen war so groß, daß mit Pollen und Honig beladene Heimkömmlinge sich hinsetzen mußten, um abzuwarten, bis vorerst die empfindlichen Männchen sich in Sicherheit gebracht hatten.

Der Schatten, der sich träge über das Kirchturmdach geschoben hatte, wirkte wie ein Schreckgespenst:

Die Königin, die Drohnen, die Arbeiterinnen brauchten lange dazu, sich von dem Schrecken zu erholen, und nicht so bald wagten sich die Flugbienen wieder ins Freie.

Besonders als der eine Strahl, der wie eine goldene Brücke von der aufleuchtenden Wabe bis zum Flugloch gelegt war, besonders als er oft und oft und in immer schnellerem Wechsel erlosch und aufflammte, wieder erlosch und wieder aufflammte, bis er dann schließlich für immer erstorben blieb, besonders jetzt mochten die Feldbienen nicht mehr hinaus, und die Drohnen setzten sich schläfrig über die jungen Zellen.

Die letzten Heimgekehrten sind schon von Regentropfen gestreift worden.

Es hat zu regnen begonnen.

Es regnet nun schon den zweiten Tag.

Das graue Himmelsgewölbe wird immer niedriger, immer tiefer senkt es zur Erde.

Das goldene Kirchturmkreuz, seit einem Sturme schief stehend, ragt nun in die schweren Wolken.

Das Geläute der Glocken, das sich an klaren Tagen weit hinträgt und sonst in jedem fernen Waldwinkel auflebt, erstirbt heute im Nebel, knapp vor den Grenzen des Dorfes.

Klein, klein ist das Land geworden in dieser Umdüsterung.

Tage und Nächte gehen hin, und Tage und Nächte kommen, aber nie gibt die Göttin Sonne kund, daß sie noch irgendwo hinter den Wolken stehe.

Manchmal fallen ganz feine Nebelbläschen zur Erde, manchmal aber prasselt windgejagter Regen nieder, und dann ist es unheimlich unter den Schindeln des Turmhelmes.

Es ist in diesen Tagen nicht nötig, daß an irgendeiner Bienenpforte Wächterinnen stehen. Aus keinem Stocke wagen sich Arbeiterinnen hervor, schon gar nicht, daß sie sich zu anderen Stöcken oder so hoch auf den Turm zu fliegen getrauten.

Sie hängen, zu winterlichen Trauben geformt, beisammen, geborgen in ihren Behausungen.

Gewaltig springt der Wind oft den Turmhelm an, Fugen und Ritzen durchwinselt er, und es ist nur gut, daß er sich im wirren Dachgebälk bricht, ehe er die Bienentraube schlägt.

Noch immer sind die jungen Turmbienen bemüht, die so kleinen Waben auszubauen, und wenn das Werk auch vorwärts geht, so wächst es doch nur langsam.

Oben, wo in den Balken noch die Wärme der verflossenen Tage gefangen ist und wo die Träme die mühsam erzeugte Bauwärme wahren, da geht es noch leidlich gut voran, aber die mangelhaft geschützten unteren Baubienen haben es schwer. Wohl quillt aus den Poren ihrer Drüsen Wachs, wohl formen sich unter den Bauchschuppen die Plättchen, aber noch während sie werden, erstarren sie. Die Borsten der nach ihnen langenden Beine vermögen sie nicht zu erfassen. Ungenützt und überflüssig geworden fallen sie aus den Bauchringen, flattern wie kleine Schneeflöckchen tief hinunter in eine unerforschte Dunkelheit.

Und so erschöpfen sich die Drüsen.

Das unvollendete Wachsgebäude muß wohl oder übel warten, bis junger Nachwuchs kommt, der es vollenden soll.

Die Bienen aller Völker müssen in dieser Regenzeit zu Hause bleiben.

Aber im Strohkorbe ist das Leben viel, viel lauter als im Turmvolke. Alles geht im Mutterkorbe seinen guten Gang; da weist jede Mühe, alles Tun der Bienen in frohe, von der Göttin begnadete Tage hinüber.

Die junge Korbmutter hockt nicht untätig auf den Zellen. Vor einigen Tagen schon hat sie den Schleier abgestreift, und seitdem sucht sie, betreut von ihrer Garde, die Waben nach blanken, geputzten Zellen ab. Und es sind ihrer genug da.

Die letzten schlüpfenden Bienen öffnen die Brutdeckel. Die Korbmutter hat solchen Überfluß an Eiern, daß ihr manchmal, ohne daß sie es verhindern kann, drei und mehr in eine einzige Zelle entgleiten.

Die Brutbienen müssen dann vorsichtig, um das richtig in der Mitte stehende Ei nicht zu verletzen, die übrigen entfernen.

In jedes der Eierchen, die an dem Samenbehältnis im Mutterleibe vorübergleiten, dringen mehrere der befruchtenden Fäden ein, obwohl ein einziger schon genügen würde, das Ei weibbildend zu machen.

Groß und lückenlos sind die neubestifteten Flächen der Waben. Unaufhörlich schreitet die Mutter die Spiralen ab.

Erste Eierchen legen sich um, die Hüllhaut zerplatzt, und die Ammen stehen mit dem Brei bereit.

Die Flugbienen, die der Regen in den Korb bannt, sitzen müßig herum; nur die Wasserholerinnen gefährden, wieder eifrig ausfliegend, ihr Leben.

Flögen sie nicht, so wäre es gerade so, wie es im Vorfrühling gewesen ist: winterlich hängen die Bienen aneinander, erste Brut reift in den Waben, kalter Hauch bannt das Volk in die Wohnung.

Aber es lebt keine Biene mehr, die den wirklichen Lenz, die den Anbruch des Jahres, das Vergehen des Winters gesehen hätte. Das einzige Bienenwesen, das den Sieg der Göttin mitgemacht hatte, dieses einzige Wesen lebt im Waldbaume. Es ist die Mutter aller, die Mutter des jetzigen Korbvolkes, die Mutter auch des Turmvolkes und seiner jetzt immer noch jungfräulichen Königin.

Nicht mehr jung ist die Mutter im Baumvolke.

Fünf Jahre hindurch hat sie die ihr innewohnende Aufgabe erfüllt, Eier gelegt, Brut gestiftet.

Als sie noch jung war, schon am zweiten Tage nach

ihrem Schlüpfen, hat sie Hochzeit gefeiert. Dann hat sie das von zwei Nachschwärmen arg geschwächte Volk wieder kräftig und vielzählig gemacht. Im Spätsommer hat das Volk noch reichlich Vorrat heimsen können, und ihr erster Winter, der früh hereingebrochen war, hatte es nicht vermocht, dem Volke sonderlich zu schaden.

Sie, die Stammutter, hat allen ihren Töchtern die Eigenschaft größten Fleißes, nicht aber die der Schwarmlust vererbt.

Erst im fünften Jahre ihres Lebens, eben heuer erst, haben ihre Töchter, die Arbeiterinnen, sie verleitet, Schwarmzellen zu bestiften und hernach den ihr so lieb gewordenen Korb zu verlassen.

Sicherlich sind sie einer ihnen selber unklaren Notwendigkeit willfährig gewesen, als sie das gewirkt haben.

Die alte Mutter hat viele hunderttausend Bienen ins Dasein gerufen. Und unzählbar werden die Arbeiterinnen sein, die ihre zu Müttern auserwählten Töchter noch stiften werden!

Ist nicht die im Korbe wirkende Mutter die eifrigste Eierlegerin? Haben nicht schon wenige Tage nach ihrer Hochzeit die Ammen ihre Mühe, den Hunger der heranwachsenden Brut zu stillen? Werden denn nicht schon bald junge Immlein aus den Wiegen steigen? Und vielleicht, wer weiß es, vielleicht wird die jetzige Korbmutter schon im nächsten Lenze einer königlichen Tochter das Feld räumen müssen, denn wenn das Volk schwarmlustig wird, muß die ältere, das wäre eben sie, mit der Hälfte aller Bienen ausfliegen und ein neues Heim beziehen.

Und was ist mit der anderen Tochter der Stammmutter?

Was ist mit jener Tochter, die mit dem Nachschwarm im Kirchturm Quartier genommen hat? Wenn sie doch endlich Hochzeit feierte, damit sie ihre Aufgabe erfüllen könnte!

Begnade sie, Göttin Sonne!

Und die alte Mutter selber, was ist mit ihr? Was ist mit ihr, die im Baume lebt?

Vielleicht ist der kalte Sommerregen, der die Trachtbienen von der Weide abhält, vielleicht ist nur die Kühle, die er ins Land gebracht hatte, schuld daran, daß sie die Eier nur zögernd legt und daß sie zwischen den einzelnen Zellen, die sie bestiftet, immer gleich zehn und mehr leer läßt, obwohl sie geputzt sind und reinlich blinken!

In diese Zelle setzt sie ein Ei, rennt dann, wie von Schreck gejagt aufgeregt über andere, besinnt sich endlich wieder und taucht ihren Hinterleib in die ihr nächstliegende Wiege.

An Pflege mangelt es ihr nicht.

Die Ammen bewirten sie wie früher auch, und sie nimmt wie je zuvor den Brei.

Aber sie ist eben alt geworden. Kahl, aller Haare bar und dunkel. Ihr Leib ist fast schwarz. Auch anders meldet sich ihr Alter:

Wenn sie über die Waben kriecht, schleppt sie ihr linkes Hinterbein nach, und die Krallen, die sie nicht mehr meistert, verfangen sich an den dicken Zellenrändern, und es kostet sie viel Mühe, ihr lahmes Bein wieder loszuhaken. Und es kommt bei ihr nun auch oft und oft vor, daß ein am Samenbläschen vorübergleitendes Ei, obwohl es in eine Arbeiterinnenzelle gelegt wird und zum Weibchen bestimmt wäre, von keinem Samenfaden umschwärmt, von keinem befruchtet wird.

Mitten unter die spärliche Arbeiterinnenbrut geraten männlich gebliebene Eier, aus denen nach vierundzwanzig Tagen Drohnen schlüpfen werden.

Die Mutterkraft der alten Königin hat sich erschöpft.

Sie ist noch nicht gänzlich drohnenbrütig, aber was wird sein, wenn sie eines Tages nur Drohnen noch zu stiften vermag?

Die Bienen werden unruhig.

Sie ahnen jammervollen Untergang.

Manchmal heult das Volk auf.

Das ist Todesangst.

Aufruhr

Sieben Tage lang hat es geregnet.

Die Königin des Turmvolkes hat aber deshalb nicht Hunger leiden müssen. Die Bienen haben ihr den einer Mutter gebührenden Brei gereicht.

Und nun ist der Siegestag der Göttin gekommen.

Ihre ersten Strahlen tasten sich schämig durch die Morgennebel, aber schon am Vormittage ist das weite Land goldüberschüttet, und die Schatten der Bäume stehen still und unbewegt. Verregnete Blütenköpfchen, Blumen, Halme, die gefroren haben, freuen sich nun der lebendigen Wärme.

Im ganzen Lande erwachen die Bienen wieder ins Leben.

An der Schindelfuge im Turme herrscht reges Treiben: Bienen fliegen aus und ein. Eilig hat es das Turmvolk.

Die Königin legt Eier.

Sie möchte Versäumtes nachholen.

Fast alle Zellen der mittleren Wabe hat sie schon bestiftet.

Die Drohnen, denen sie begegnet, beachtet sie nicht mehr, sie flößen ihr nicht mehr den damals erlebten brennenden, glühenden Schauder ein, sie erschrickt nicht mehr vor ihnen.

Sie ist nun ganz zur Eierlegerin geworden, ganz getrieben, nur immer die Wiegen zu beschenken.

Die Drohnen, die sind träger denn je zuvor. Während der Regenzeit waren sie mit aller Sorgfalt gepflegt und ernährt worden. Das war ganz richtig von den Ammen, daß sie das getan haben, und es war auch notwendig, denn die Männchen sollten doch stark werden, und das stärkste sollte der Gatte der Königin werden.

Das Müßigsein und das Warmsitzen hat den Drohnen sehr behagt. Sie haben nur ihre Rüssel ausgestreckt, und sogleich war ein Schwarm besorgter Ammen zur Stelle gewesen, sie zu laben. So sind sie feist geworden.

An diesem ersten strahlenden Tage fliegen sie nur aus, sich zu entleeren; bald kommen sie durch die Schindelfuge zurück.

Daß ein junges Weibchen, eine Königin, im Stocke ist, das beunruhigt sie nicht mehr. Die Lust, sie zu umwerben, ist ihnen verloren gegangen.

Sie haben ihre Brunst mit Fraß erstickt.

Das Fliegen ist ihnen beschwerlich; die verwöhnten Flügel können die fetten Leiber nicht tragen. Sollen sie sich Plage schaffen, die Braut herauslocken und ihr dann weiß Gott wie hoch nachfolgen?

Übrigens: Die Königin tut ganz so, als hätte sie schon Hochzeit gefeiert; und das hat sie doch noch nicht getan. Noch war sie von keiner Drohne erhascht und umklammert worden! Sie ist noch Jungfrau.

Und die Jungfrau ist Mutter?

Die Eier, die sie legt, reifen. Es werden Larven, lebende Larven daraus.

Überfluß an Eiern ist in ihrem Leibe. Sie sollte doch nur die vollendeten Zellen bestiften; in ihrem großen Eifer und im Drange des geschwellten Leibes aber belegt sie auch die unvollendeten und die zu kurzen Zellen.

Die Ammen sollten doch sehen, daß der Vorrat zur Neige geht, daß in kurzer Zeit, in wenigen Stunden vielleicht schon, weder für die Königin noch für die Lärvchen Futter da sein wird. Sie sollten doch aufhören, die fast außer Besinnung Geratene mit ihrem Nährbrei zu hetzen!

Nur noch einige Zellen sind honigvoll.

Jedoch, schon bringen einige Bienen aus Kürbisblüten, die an einem Ackerrand stehen, Blütenstaub.

Weitum aber sind keine so reichen Pollenspenderinnen mehr zu finden, und schnell sind die Kürbisblüten so sehr von Bienen aus allen Stöcken belagert, daß ihr Reichtum bald erschöpft ist.

Immerhin aber reicht die Ernte dieses ersten Flugtages nach dem Regen aus, die jungen Larven satt zu füttern.

Wenn aber morgen die übrigen vielen Eier zu Larven werden und wenn die Flugbienen morgen nichts oder zu wenig finden werden, was wird dann sein?

Was ist in die Königin gefahren, daß sie nun trotz der offensichtlichen Not, trotz der spürbaren Armut des Völkleins auf die kleine Nachbarwabe steigt und auch dorthin Eier legt?

Die Verwirrung unter den Bienen wird groß.

Sie spüren, daß etwas aus der Ordnung geraten ist.

Die Hausbienen, die Ammen, scheinen nicht im Einverständnis mit den Flugbienen zu wirken, und es ist auch so, daß die Königin, die jungfräuliche Mutter, die Fühlung mit den Ammen verloren hat.

Freilich, ihr Eifer, das Volk zu vermehren, ist löblich, denn es sind zu wenig Bienen da, das Volk ist zu klein. Es müßte doppelt so stark sein, um allen Gefahren begegnen zu können.

Der Hofstaat, die Garde der Königin, spürt das, und deshalb wird ihr unablässig der eibildende Brei gegeben.

Aber ein anderer Teil der Futter Bereitenden vermag es nicht mehr, die Unzahl der Larven zu ernähren. Woher auch sollten sie Honig und Blütenstaub nehmen?

Um die Eier in den zu kurzen Randzellen kümmern sie sich gar nicht, alle Mühe wenden sie nur an die Maden in den Wabenmitten.

Maßlos ist die Turmkönigin geworden! Wirklich, wirklich, auch die dritte kleine Wabe beeiert sie.

Halt! Halte ein! Deine Fruchtbarkeit jagt dein Volk ins Verderben!

Nachts baut ein Mondstrahl eine silberne Brücke vom Tor zur größeren Mittelwabe. Weiß und bleich glänzen die Maden in den bestrahlten Zellen. Sie sind groß, viel größer, als sie in diesem Alter sein dürften. Sie sind gedunsen.

Die Brutammen werden ängstlich.

Ahnt die Königin denn nicht, wie es um die Zukunft des Volkes bestellt ist? Sieht sie denn nicht, daß die Eier der einen Seitenwabe absterben, da zu wenig Bienen da sind, sie zu pflegen, zu wenige, ihnen die Brutwärme zu geben?

Sieht die Königin denn nicht, daß das Volk kleiner geworden ist seit dem Einzuge in den Turmhelm?

Soundso vieler Bienen Stunde hat geschlagen, sie sind nicht mehr heimgekehrt, sie liegen irgendwo draußen tot.

Die Hausbienen reißen die abgestorbenen Eier aus den Zellen, damit sie nicht verwesen. Aber die Königin rennt hin und bestiftet sie aufs neue.

Sie hat sich mit ihrem maßlosen Eierlegen weit vom ungeschriebenen Bienengesetze entfernt.

Die Verwirrung unter den Ammen wächst von Stunde zu Stunde.

Nun wagen sie es schon, ihre Königin am maßlosen Eierlegen zu hindern. Schiebt sie ihren Hinterleib in eine Zelle, rennen einige herbei, sie zu vertreiben.

Die Königin erschrickt, läuft weg, und das Ei fällt nieder, irgendwohin in eine dunkle Tiefe.

Und will die Jungfrau, die Königin des Turmvolkes, wieder einige Zellen bestiften, so jagen die Ammen sie abermals weg.

Schließlich meint sie, es seien Feinde, die sie jagen, und geängstet, voller Furcht, rennt sie ratlos umher.

Ihre Garde, die getrieben ist, ihr den Brei zu reichen, vermag es kaum mehr, ihr auf den irren Wegen zu folgen.

Bienen können ihre Königin niemals anders sehen und dulden als ruhig und gemessen schreitend. Außer in den Schwarmzeiten, in denen sie selber mehr taumeln denn gehen, darf die Mutter nie hasten.

Die Königin des Turmvolkes wähnt sich gejagt. Sie rennt durch die Reihen der nächtlich weilenden Feldbienen und schreckt sie auf.

Sie stößt einen Angstruf aus.

Die Ammen, die nicht wollen, daß durch die Maßlosigkeit des jungen Weibchens dem Volke Verderben erwachse, tun nichts anderes, als daß sie sie umknäueln. Sie wollen die Übereifrige gefangen halten. Sie wollen ihr Eierlegen einschränken.

Während sie sie umzingeln, wehrt sie sich; sie ruft Hilfe herbei, denn sie meint, ihr geschähe ein Leid.

Aber keine einzige der Ammen will ihr Böses zufügen, keine will sie gefährden.

Sie haben längst schon das Mißverhältnis zwischen Vorrat und der zu großen Brutfläche gespürt. Sie haben nichts anderes vor, als das heillose Gebaren der Königin zu bändigen, nichts anderes, als sie in das große, von ihr durchbrochene Gesetz des Bienenlebens zu zwingen und sie so lange gefangen zu halten, bis Nachwuchs nahe ist.

Aber sie, in ihrer todbangen Verwirrung, wehrt sich aus allen ihren Kräften und will den Gewalttätigen entfliehen.

Hart und scharf klingen ihre Schreie.

Das kleine Volk gerät in Aufruhr.

Keine Biene bleibt an ihrem Platze.

Was ist? Was gibt es da? Ist ein Feind auf den Waben? Selbst die Drohnen werden in den Trubel hineingerissen, selbst sie werden lebhaft.

Was gibt es da? Ist ein Feind eingedrungen? Hinaus mit ihm!

Der um die Königin geballte Knäuel wird größer. Aufgeregt kommen die Feldbienen den Ammen zu Hilfe. Im Hinsturze schrillt ihr gereizter Stechton auf.

Sie meinen, es gälte einen wirklichen Feind zu überwältigen.

Kommt! Kommt! Helft! Ein Feind!

Heillos wird der Trubel im Turmhelm.

Die Königin will sich aus der Umkrallung befreien.

Die Ammen, die sie gefesselt haben, riechen das Gift ihres Stachels. Sie fühlen sich bedroht. Aber noch wehren sie sich nicht, sie sind bemüht, ihre Königin zu beruhigen.

Die hinzustürzenden Feldbienen aber, ganz im Wahne, einen Eindringling überwältigen zu müssen, kämpfen sich bis zu den Ammen im Inneren des Knäuels vor.

Die Ammen wiederum erkennen den Irrtum der Rasenden; es gilt ihnen nur noch, die Königin zu schützen, die Stechwütigen abzuwehren.

Aber zu groß ist die Überzahl, und das Gift von sechs Stacheln dringt dem Opfer, der Königin, in den Leib.

Sie erlahmt.

Langsam beruhigen sich die Erregten.

Die Ammen halten eine Tote umschlossen.

Sie lockern die Umkrallung, und die Königin fällt erstarrt nieder.

Sie fällt in eine dunkle, ungewisse Tiefe. Und dorthin, wo sie nun liegt, findet der bleiche Mondstrahl nicht, dorthin kann auch die Göttin, da es Tag wird, ihr Licht nicht schicken. Es wird dort immer finster bleiben.

Die Bienen bemerken lange den Verlust ihrer Königin nicht. Sie müssen sich über die Brut setzen, damit sie in der Kühle des anbrechenden Tages nicht verderbe.

Während des Aufruhres im Volke hatte die Königingarde, die ihr zum Verhängnis geworden war, nicht Zeit und Gelegenheit gefunden, ihre Schutzbefohlene zu füttern, nun aber, am Morgen, da ihre Kopfdrüsen wieder Milch absondern, wollen sie ihr den Brei reichen.

Sie suchen nach ihr.

Sie rennen über die drei kleinen Waben.

Sie ist nirgends zu finden.

Die Ammen heulen aufgeregt.

Neuer Aufruhr bricht los.

Die Königin! Wo ist unsere Königin?

Das Volk heult auf.

Was ist das? Ein Bienenvolk ohne Königin?

Alle suchen nach ihr – nein, sie ist nicht mehr da.

Verloren!

Ahnen sie nun, was ihnen die Zukunft bringen wird?

Als könnten sie den Verlust durch fieberhaften Fleiß wettmachen, so mühen sich die Feldbienen den ganzen Tag über.

Die Rainweide hat weiße Sternchen angesetzt, die Rose der Hagebutte blüht aus dem dunklen Gelaube, und im goldenen Korn und auch im Weizenfelde blüht blau die Kornblume, die violette Kornrade; und der Klatschmohn brennt rot aus den reifenden Ähren.

Am Dorfplatz vor der Kirche steht eine mächtige Linde, von kleineren, jüngeren umgeben.

Nichts, weit und breit nichts, duftet so stark wie ihre Blüten.

Keine Blüte auch schenkt in dieser Zeit so reichlich Nektar.

Es ist kein Bienenvolk im weitesten Umkreise, das nicht Anteil an diesem Schatze nähme.

Das Dorf ist laut vom Gesumme der Bienen.

Die Nektarholerinnen des Turmvolkes haben nicht weit zur blühenden Linde: sie brauchen sich, ans Flugloch gekommen, nur fallen zu lassen, um in dem Blütenmeere zu landen.

Viel öfter als die Bienen anderer Völker können sie ausfliegen und wieder heimkehren. Der Weg zur Trachtquelle ist kurz.

Die Sammlerinnen aus dem Korbvolke gelangen nur einmal von ihrem Korbe bis zur Linde, während die des Turmvolkes dreimal in derselben Zeit beladen heimkommen können.

Nicht zu reden von den Trachtbienen des Baumvolkes, die von noch viel weiter fliegen müssen.

In diesen ersten Tagen des Lindenblühens erbeuten die Turmbienen schon so viel, wie sie gerade nötig haben, die reifenden Maden nicht Hungers sterben zu lassen.

Aber die Eier rund um sie sind abgestorben.

Das Turmvolk hat wilder Eifer gepackt. Seine Bienen sind die ersten, die ausfliegen, die letzten, die lange nach dem Scheiden der Göttin heimkehren.

Was nützt das alles, wenn keine Königin da ist?

Zwar bauen die Hausbienen Weiselnäpfchen – wo aber ist die Mutter, die da Eier hineinlegte?

Drohnenschlacht

Die Lindentracht ist reich.

Das ärmste Volk kann seine Not stillen.

Die Bienen berauschen sich am duftenden Nektar, sie berauschen sich so sehr, daß vielen der reiche Segen zum Verderben wird. Manche können nicht Maß halten. Daß die Honigblase straff gefüllt sei, das ist ihnen nicht genug. Sie trinken mehr, viel mehr, und ihr Ranzen schwillt übermäßig an. Ein Wunder ist es nur, daß er nicht zerreißt. Er drückt die beiden langen Luftsäcke im Hinterleibe platt gegen den Panzer. Da ist es mit dem Fliegen vorbei. Die Bienen fallen zu Boden, ins Gras, in den Staub der Dorfstraße und kommen dort, ohne sich wieder erholen zu können, jämmerlich um.

Andere sind bedächtiger; sie kehren wohlbehalten in ihre Stöcke zurück und füllen dort die Waben.

Mit den Tagen aber wird jede kleinste Blüte der Linden früchtig, und der Nektarquell versiegt.

Die Feldbienen müssen dann andere Blüten suchen, Tänzerinnen müssen für andere werben.

Das ist aber schwer getan.

Die Wiesenblumen sinken, von klingender Sense gemäht, und verdorren mit dem blühenden Grase zu Heu.

Den Ackersenf, den gelbblütigen, hat der Weizen überwuchert und besiegt.

Bald auch werden Kornblume, Rade und Klatschmohn Ernte der Sichel werden.

Was sind die wenigen Gartenblumen! Sie sind trügerisch. Sie duften hell, aber es ist kein Saft in ihnen. Andere, deren Kelche voll stünden, bleiben den suchenden

Bienen unsichtbar: das Bienenauge kann das brennendste Rot vom Grün des Laubes nicht unterscheiden.

Wo sind die gelben, die blauen, die weißen, die violetten Blüten? Wo sind die Blumen, die auf Bienen warten und nicht sein könnten ohne sie?

Schwer und groß, wie Blutstropfen, hängen die Himbeeren an den Ranken im Holzschlage.

Auf dem Moosboden des Nadelwaldes, an den Wällen der Moorgräben, auf dem armen, vom Gräslein gemiedenen Torfboden reift die kleine Erdbeere. Ihre Blätter schützen sie vor sengender Mittagsglut, spenden ihr Schatten.

Und die Brombeerranken, in denen der Dorndreher nun Jagd hält, heben der Göttin ihre rötlichschwarzen Früchte entgegen, daß sie sie dunkel reife. Der Tau der Nacht fällt auch auf sie, und dann hängen sie mit bläulichem Schmelz.

Der Fuchs tut sich an ihnen und an den Himbeeren im Vorübergehen gütlich.

Wie wüsten die Stare in den Kirschbäumen mit den reifen Früchten! Sie sind unersättlich, so wie auch die Amseln, die diese Fülle verschwenderisch macht. Sie picken in die saftigen Kirschen, nehmen nur einen Bissen davon und lassen das halbe Fleisch und den Kern am Stengel faulen.

Die Samenfrucht des Ahorns ist nahe der Reife. Äußerste Zweige lassen sie schon fallen. Sie wirbeln, von ihren Flügeln gesteuert, vom Winde gewiegt, ins Land.

Der Moorbach frachtet viel davon. Da und dort spült er den geflügelten Samen ans Land, als möchte er, daß seine Ufer noch dichter bewachsen und sein Wasser noch dunkler und grüner beschattet werde.

Die Bucheckern gilben.

Die Eicheln werden groß, sie reifen in den Schälchen.

Kein Tier ist im Lande, das Not litte.

Im Obstgarten hausen die Bilche, die Siebenschläfer. Sie benagen die grünen, unreifen Äpfel und Birnen.

Schon fallen wurmbesiedelte Zwetschken blaubetaut ins Gras, und nicht lange wird es dauern, bis auch die gesunden Früchte süß und weich sind.

In diesen späten Julitagen trotzt die Schafgarbe, tiefwurzelnd, dem Verdorren.

Das Leinkraut schenkt karge Tröpfchen.

Das zitronengelbe Sonnenröschen leuchtet suchenden Bienen hell in die Augen, und wenn es, das duftlose, auch keinen Nektar hat, so geizt es doch nicht mit seinem Blütenstaube.

Es ist Trachtpause für die Bienen.

Um die heißen Mittagsstunden fliehen die zu Müßiggang verhaltenen Feldbienen die Schwüle des Korbes. Sie stellen sich flügelwirbelnd an die Strohwand.

Kühle Nachmittagsgewitter treiben sie in die Wohnung zurück.

Während der Lindentracht haben die Feldbienen den geheimsten Honig hingeleert, wo immer leere Zellen zu finden waren. Mitten in das schöne, geordnete Brutnest haben sie ihn geschüttet, und die Mutter hat eines Tages nicht mehr gewußt, wohin sie ihre Eier legen soll.

Honig war dem Volke in diesen Tagen wichtiger gewesen als Nachwuchs.

Die Ammen haben der Mutter den Brei versagt, und so hatte sie unter dem Zellenmangel nicht sonderlich gelitten.

Jetzt aber, da kein Honig mehr einkommt, tragen ihn die Hausbienen von allen Waben nach oben, lagern ihn in die oberen Zellen, und die Wiegen werden wieder für die Brut frei.

Die Putzerinnen lecken letzte Spuren von Grund und Wand.

So könnten sie wohl auch die Drohnenzellen, die ganz unten an den Waben sind, reinigen, so könnten sie wohl auch diese für neue Bestiftung vorbereiten!

Aber wozu brauchte das Volk jetzt noch Drohnen?

Die junge Mutter hat ja das Leben eines Männchens in sich aufgenommen, sie trägt das ganze Leben einer Drohne in ihrem Leibe. Jedes Ei, das sie legt, erhält seinen winzigen Anteil davon, in jedes dringt mindestens einer der männlichen Samenfäden, jedes Ei wird befruchtet, aus jedem wird eine Arbeiterin.

Die Drohnenzellen zu bestiften, das war die Arbeit der alten Mutter gewesen, denn ihre königlichen Töchter sollten Gatten haben.

Daß die Königin des Turmvolkes keine Hochzeit gefeiert hat, wer kann dafür? Vor der Regenwoche war ihr Gattentrieb nicht stark genug gewesen, sie war noch nicht ins volle Weibsein gereift, und nach der Regenwoche, da hatte sich ihre und die Brunft der Drohnen verloren gehabt.

Das ist so.

Und nur deshalb hat diese Untüchtige das Schicksal erreicht, so wie es das ganze Volk ereilen wird.

Schon damit, daß die junge Korbmutter das Bienengeschlecht in ferne Jahre hinüberleitet und rettet, schon damit ist viel getan. Es ist bereits viel geleistet, daß sie in jedes Arbeiterinnen-Ei einen Teil von der Kraft des Männchens, dem sie sich gewährt hatte, hineinerbt. Viel, viel ist das!

Aber auch, daß die alte Mutter so viele Hunderte von Drohnen ins Leben gerufen hat, so viele, daß ihre Nachfolgerinnen solch reiche Auslese gehabt hatten, auch das ist wichtig gewesen. Jetzt freilich, jetzt sind diese Drohnen wertlos geworden!

Nur Herumlungerer, Umsonstfresser, Fürnichtszehrer sind sie.

Es ist keine Königin da, die aus ihrer Schar den Gatten wählen sollte.

Wieviel doch fressen diese bequemen Faulenzer! Daß sie wärmend über der Brut hocken, das ist kein Verdienst, da sie doch zu faul sind, auszufliegen, zu fett auch. Immer strecken sie den Ammen ihre Rüssel hin, betteln sie an und haben trotzdem nie genug.

Soll der ganze mühsam geheimste Honig für sie verwendet werden? Sollen die Ammen aus dem Honig denn nichts anderes als Milch bereiten? Soll man der Drohnen wegen die vollen Zellen plündern und mit leerem Speicher bleiben? Soll man ihretwegen, nur um sie zu mästen, auf Bienennachwuchs verzichten?

Viele Arbeiterinnen haben sich müde geschunden. Sie fliegen aus, sterben draußen. Ammen treten, ins richtige Alter gereift, an ihre Stelle, und in die Reihen der Saftbereiterinnen rücken die Neugeschlüpften. Aber dieser sind jetzt nur wenige, und es wird bald an genügend Ammen mangeln.

Weg also mit den feisten Drohnen!

Alle Sorgfalt der jungen Brut!

Kümmert euch um die Drohnen nicht!

Mögen sie betteln, wie sie wollen!

Sie sollen sich doch selber die Nahrung holen!

Steigt in den Speicher, dort habt ihr Honig!

Keine Amme bricht das aus der Notwendigkeit deutlich gewordene Gebot, keine Amme gibt den Drohnen auch nur einen Tropfen Brei.

Hungrige kriechen denn auch zu den Honigzellen empor. Als ob sie müde und abgerackert wären, so gehen sie. Sie sind bar aller Lebendigkeit und Frische. Manche bleiben vorerst auf den Bruttafeln sitzen, auf die Barmherzigkeit brutnährender Ammen bauend, doch auch diese letzten müssen sich nach und nach dazu verstehen, sich selber zu verköstigen.

Aber wie könnten sie das! Sie sind von Natur aus auf die Dienste der Schwestern angewiesen. Ihr Magen, an wohlbereiteten Brei, an Ammenmilch gewöhnt, ist nicht imstande, rohen Honig zu verdauen.

Ach, einige, die sich noch stark genug fühlen, eilen zum Tore, fliegen aus, hoffen, in einem anderen Stocke das Gastrecht genießen zu dürfen, hoffen, sich anderswo einbetteln zu können.

Nicht weit vom Stocke entfernt, spüren sie, daß die Flügel versagen, und sie müssen, wollen sie nicht zur Erde platschen, zum Korbe zurück. So sind sie es ja von früheren Tagen her gewöhnt: Ein kurzer Ausflug in die Sonne, sich neuen Appetit zu erfliegen, dann hungrig zurück zu den Ammen.

Aber jetzt wehren ihnen, ans Tor gekommen, die Wächterinnen den Eintritt.

Zurück da! Was wollt ihr denn? Brutmilch? Futter?

Wir wissen Besseres damit anzufangen als euch Vielfraße zu mästen! Weg da! Bettelt euch anderswo ein! Versucht bei anderen euer Glück, wir brauchen euch nicht mehr!

Ja, das wäre leicht, bei anderen Völkern sein Glück suchen, das wäre leicht, wenn die Flügel tüchtig wären, wenn überhaupt noch eine Spur von Kraft in den fetten Leibern stäke! Die Schwäche ist es ja gewesen, die sie gezwungen hat, zurückzukehren!

Laßt uns ein! Seid barmherzig!

Weg da!

Mit List versuchen es einige, in den Korb zu gelangen.

Die Wachsamen vereiteln dieses Vorhaben.

Eine der Drohnen will mit Gewalt die Schwelle über-schreiten.

Ihr in den Weg wirft sich eine Pförtnerin, drei andere eilen herbei, ihr zu Hilfe. Sie fassen die Drohne an den Flügeln und werfen sie über die Korbwand hinunter.

Diesen kleinen Tumult haben andere Männchen be-nützt, sich ins Innere zu stehlen, von wo es so ungemein süß herausgeduftet hat.

Aber da innen hocken doch genug Feldbienen! Die ja-gen die Eindringlinge rasch aus der Wohnung.

Gewalt, List und auch weiches Betteln nützt den Männ-chen nicht.

Die Wächterinnen bleiben unnachgiebig.

Es bleibt den Drohnen nichts anderes übrig, als sich in Geduld zu fassen. Sie schleppen sich rund ums Flug-loch, matt, müde, hungrig.

Eine besonders Verzweifelte, die sich nicht hat beleh-ren lassen wollen, hat ihren Mut schon mit dem Tode bezahlen müssen. Die Wächterinnen haben ihr, der Waf-fenlosen, ihre Stacheln in den Leib gejagt.

Am Abend wird den Armen, die noch immer vergeb-lich auf Einlaß warten, kalt. Der Todesatem der Nacht bläst sie an. Starr werden ihre Beinchen, die Krallen wer-den unbeweglich. Selbst die, die sich an den oberen Fluglochrand gesetzt hatten, um an der ausströmenden Wärme teilzuhaben, selbst diese kollern längs der steilen Strohmauer hinunter und bleiben unten starr liegen.

Eine feiste Kröte schnappt die fetten Bissen. Sie ist der kühlen Nacht dankbar.

Andere, die nicht ganz zur Erde fallen, die auf dem Bodenbrette liegenbleiben, kann die frühe Göttin andern

Tags kaum mehr erwecken. Erst um Mittag beginnt die eine oder die andere zu krabbeln, und wenn sie noch Kraft genug hat, arbeitet sie sich mühsam bis zum Tore vor, vergeblich auch heute.

Dieser Tag ist um vieles wärmer als der gestrige.

Es müßten sich wenigstens doch ein paar Drohnen von dieser Wärme dazu verleiten lassen, dem ungnädig gewordenen Volke zu entfliehen!

Sonderbar: keine fliegt ins Freie.

Sind sie vom Schicksal der Geflohenen benachrichtigt?

Sind sie schon verschmachtet?

Ein wenig nährt sie der Honig doch, aber sie müssen viel davon trinken, nur um nicht ganz zu verhungern. Und sie werden voll, schwerer denn je. Einigen wäre ja Kraft genug geblieben, sich ins Freie zu retten, aber da haben die Bienen eine Kette um sie gebildet. Rund herum belagern sie den Drohnenhaufen.

Diesen Schutzwall kann keine der Todgeweihten durchdringen.

Langsam rücken die Bienen zusammen, von allen Seiten dringen sie vor. Sie drängen das Drohnenheer von den Honigwaben ab und zwingen es, auf leere, ganz leere Zellen zu gehen. Dann schieben sie es, immer in runder Front um sie weilend, auf den Boden. Dort halten sie den Haufen gefangen.

Was bleibt den wehrlosen Männchen, denen Stacheln versagt sind und die der Hunger geschwächt hat, anderes übrig, als sich zu fügen?

Laut rumoren sie zwar; sie empören sich.

Was nützt das!

Von Stunde zu Stunde schwinden ihre Kräfte.

Während dieser Belagerung reißen andere Arbeiterinnen die letzten Drohnenwiegen auf. Die weichen und weißen Puppen werden noch vor ihrem Schlüpfen herausgeworfen. Wären noch Drohnenlarven oder auch Drohneneier da, auch diese trügen die Bienen, so wie jetzt die Puppen, durchs Tor, um sie ins Gras zu werfen.

Ein paar von den belagerten Drohnen wehren sich. Hunger treibt sie zu letzter Verzweiflung. Sie stürzen sich mitten unter die zu Feinden gewordenen Schwestern, wollen durch ihre Reihen durch, wollen fliehen.

Aber die Schwestern fallen zornig über sie her, packen sie, zausen mit den Zangen ihre Flügel, zerren sie zum Flugloch empor. Wehe, wenn eine Widerstand leistet: Das Stachelgift wird sie töten.

Da die Entrinnenden immer mehr werden und das Drohnenheer mit aller Gewalt zum Honig empor will, so gehen die Bienen zum Angriff über. Fliehenden jagen sie ihre Stacheln in den Leib.

Keine kommt lebendig über die Torschwelle, keine kann entrinnen.

Wie richtige Feinde werden die Männchen bekriegt. Mehr als zehnmal, viel, viel öfter kann eine Biene gegen ihresgleichen von ihrem Stachel Gebrauch machen, denn nur selten bleibt er im Leibe von Insekten stecken.

Die Drohnenschlacht ist in vollem Gange.

Bald sind die Männchen überwältigt.

Die Arbeiterinnen schleppen Tote hinaus.

Tote! Hunderte! Die letzte Drohnenleiche endlich. Die Kröte hat gute Tage.

Räuber

Im Turmvolke haben sich noch einige jüngere Bienen gefunden, die nun, gut genährt von den Ammen, aus ihren Drüsen ein zweites Mal Wachs ausscheiden.

Sie bauen zu den bereits begonnenen Weiselnäpfchen neue dazu, zehn, zwanzig.

Das Volk braucht eine Königin, eine Mutter.

Der Baum braucht die Wurzel, er verdirbt, verdorrt ohne sie.

Die von der Ahnung nahen Unterganges geängsteten Bienen sind in ihrer Unruhe, in ihrem immerwährenden Heulen ein einziger Schrei nach der Mutter.

In ihrer Verzweiflung haben sie über kleine, von der verunglückten Königin gestiftete Eier weibliche Wiegen gebaut. Aber die Eierchen waren abgestorben gewesen. Und wenn sie sich auch zu Larven, zu Puppen entwikkelt hätten, was wäre dem Volke da geholfen gewesen?

Ihr Arbeiterinnen, seht euch doch die Brut an! Seht euch die dicken Streckmaden an! Sie haben in den engen Zellen kaum Platz. Was habt ihr da so mühevoll gepflegt und ernährt?

Seht euch doch, ihr Arbeiterinnen, die Brutdeckel an – ihr selbst habt sie so rund über die Puppen gewölbt!

Diesen reifenden Geschöpfen sind die Wiegen zu klein, ihre Köpfchen überragen die Zellen, und ihr müßt, wohl oder übel, steil gewölbte Deckel über sie errichten.

Euere Mühe lohnt nicht, ihr Arbeiterinnen!

Aber sie sind wie besessen.

Nun, da die Näpfchen der Reihe nach da hängen, nun will des Klagens erst recht kein Ende sein.

Wo ist die Mutter, die hier ihre Eierchen hineinlegte?

Wo ist die begattete Königin? Wo ist die Wurzel, die einen Schößling triebe?

Nur ein einziges Ei, und das Volk wäre für alle Zeit gerettet!

Sie würden dieses eine und einzige Ei pflegen und hegen, sie würden mit dem kostbaren Safte nicht geizen. Sie würden das werdende Wesen dicht umlagert halten, alles würden sie tun, der künftigen Mutter gutes Gedeihen zu sichern.

Die Drohnen, die treu zum Volke halten, die Drohnen, die ihnen so viele Mühe bereiten, die lassen sie unter sich weilen – denn noch immer hoffen sie, eine Königin zustande zu bringen. Und diese Königin soll große Auswahl haben, daß sie tüchtige Nachkommen zeitige.

In den meisten Völkern des Dorfes, dessen Häuser sich um den Kirchturm scharen, ist die Drohnenschlacht in vollem Zuge, und von manchem Stocke kommen bettelnde Männchen zum Turmvolk. Sie sind schon halb ausgehungert, aber stark genug doch, den hohen Flug zu tun.

Die Wächterinnen lassen sie gerne ein, sie sind dem schwachen Volke willkommen als Gatten einer erhofften Königin.

Ein halbes Hundert Drohnen hat glücklich Einlaß durch die Schindelfuge gefunden.

Die Ammen, die doch keine Brut mehr zu ernähren haben, sind froh, daß Pfleglinge, denen sie den Brei reichen können, da sind.

Aber es sind einige darunter, die den Saft, den ihre Drüsen bereiten, selber trinken.

Schon seit einigen Tagen nähren sie sich auf diese Art.

Und so geschieht ihrem Leibe ein Wunder:

Die verkümmerten Eierstöcke, die zurückgebliebenen, entwickeln sich.

Eireifend schwellen ihre kleinen Leiber.

Um jede von ihnen, es sind mehr als zehn, schart sich, wie um eine wirkliche Mutter, eine kleine Zahl von Schwestern als Garde. Immerzu reichen sie den ehemaligen Ammen ihren Brei.

Und schließlich gebären sich diese jungen Wesen wie wirkliche Mütter, und wie richtige Königinnen legen sie Eier.

Sie fühlen sich so sehr als Mütter, daß sie nicht einmal in Versuchung geraten, die bereiteten Weiselnäpfchen zu bestiften. Keine ist willens, sich neue Nebenbuhlerinnen zu schaffen.

So aber, wie sie es tun, so würde eine wirkliche, gesunde und ebenso junge Mutter nie arbeiten: planlos bestiften sie die Zellen. Nicht ein Ei, sieben, acht und mehr legen sie in die Wiegen. Und da schließlich alle voll sind, scheuen sie sich nicht, auch auf die vollen Blütenstaubzellen Eierchen zu setzen, so wie es vor Jahrtausenden ihre Vorfahren getan haben mögen.

Das ist aber alles andere eher als Bienenrecht.

Die Hausbienen, arbeitswillig wie stets, geschäftig wie immer, werfen die überzähligen Eier hinaus und lassen nur das am richtigen Platz haftende Ei stehen.

Aber obwohl nun alles seinen guten Gang zu gehen scheint, obwohl doch dem Volke eierlegende Mütterchen geworden sind, obwohl die Eier zu Larven werden und noch weiter reifen, obwohl Lindenhonig und Pollen da sind, hat die große Aufregung immer noch kein Ende.

Dem Gebaren der Arbeiterinnen nach scheint sie sogar zu wachsen.

So hastig, so erregt wie die Turmbienen sind keine anderen weitum.

.

Selbst im Freien, auf der jetzt kargen Blumenweide sind sie so.

Andere Bienen saugen gemächlich und gründlich die Kelche leer oder behöseln sich in Ruhe mit dem gebotenen Blütenstaube.

Die Turmbienen aber hasten wie gejagt von Blüte zu Blüte. Kaum haben sie den Rüssel in die Becher gesenkt, so ist es, als scheuche sie eine böse Hand weg.

Die Höselnden kommen mit kleinen Ballen, und überall haftet ihnen Staub an, und daheim gewähren sie sich kaum Zeit, die ohnehin so kleine Fracht ordentlich abzuladen.

Selbst die Drohnen, die sonst so trägen, selbst die erfaßt die angstvolle Erregung, auch sie rennen planlos umher, fliegen verzagt aus, kehren gehetzt zurück, lassen sich päppeln und irren dann weiter über die so kleinen Waben.

Die Bienenordnung scheint gänzlich aufgelöst zu sein.

Durch nichts mehr als durch ihre Triebe sind die Bienen zusammengehalten. Aber es herrscht trotzdem kein einheitlicher Sinn.

Dieses und jenes, was einzelne tun oder auch zu tun sich nicht bewogen fühlen, muß zu elendem Untergange führen, zur Auflösung.

Schon längst sollten die Hausbienen zu Feldbienen geworden sein, schon längst hätte sie Nachwuchs ablösen sollen!

Nun, jetzt könnte das ja geschehen!

Die Deckel erster Zellen öffnen sich. Die Eier, die die unglückliche Königin gelegt hatte, sind reif.

Es müßte doch große Freude ob dieses Ereignisses bei den geplagten Bienen sein!

Die neue Generation steigt aus den Zellen.

Drohnen! Drohnen, nichts als Drohnen!

Anders ist es nicht möglich gewesen!

Hatte die Königin jemals das Leben, den Samen eines Männchens in sich aufgenommen? Ist sie jemals auf die Hochzeit geflogen? Wann war sie je mit dem Mutterzeichen, dem Schleier, heimgekommen?

Wohl war sie Mutter geworden, aber nicht Bienenmutter, bloß Mutter von Drohnen.

Und andere Wesen als Drohnen werden auch aus den Eiern der zehn Arbeiterinnen nicht hervorgehen. Sie sind Drohnenmütterchen.

Wie wird das enden, wenn ihre Eier gereift sind? Es werden mehr Drohnen als Arbeiterinnen sein!

Für alle Bienenvölker des Landes ist eine gefährliche Zeit. Nicht nur, daß trotz der milden Tage die Ernte gering ist, nicht nur, daß in der Mittagsglut die wenigen Kelche leertrocknen, viel schlimmer ist es, daß Sucherinnen überallhin gelangen, überallhin, wo sie Süßes wittern.

Das Turmvolk hat zu wenig Wächterinnen. Die paar, die am Flugloche stehen, sind von der allgemeinen Unruhe so sehr ergriffen, daß sie, überaus furchtsam, in jeder Anfliegenden eine Fremde vermuten. Oft täuscht sie ihre Aufregung, oft fallen sie eigene Bienen an.

Wenn die sich dann wehren, geschieht es, daß sie die Schwestern mit ihren Stacheln angehen.

Fremde wiederum lassen die Pförtnerinnen manchmal ungehindert ein, wähnend, daß sie Beute brächten, wiewohl sie andere Absicht hegen, als das arme Volk zu bereichern.

Sie baden sich im Dufte der neuen Honigquelle, in der wirklicher Honig, nicht dünner Nektar ist; sie fliegen vollgesogen in ihre Mutterstöcke und werben dort mit ihren Tänzen.

Kommt! Beriecht mich! Honig, puren Honig habe ich gefunden!

Schon nach wenigen Stunden wird die Zahl der Räuber groß und größer zu jeder Minute.

Alarm im Turmvolke.

Räuber sind da! Wehrt euch! Wir werden beraubt! An eure Posten, Bienen!

Hinter dem Flugloch passen sie den Eindringlingen auf. Zwei, drei, zehn stürzen sich über die Räuberinnen her.

Stechtöne schrillen durch den Turmhelm.

Die Turmbienen stechen, werden gestochen.

Ineinander verkrallt, verkrampft fallen Raufende nieder. Tot die eine, sterbend die andere.

Räuber! Räuber sind da! Wehrt euch!

Den wenigen Honig zu retten, rennen sie zum Speicher, saugen sich voll.

Aber da sie vollgesogen sind, haben ihre Stacheln keine Wucht. Die vom Honig beschwerten sind schlechte Kämpfer. Leicht werden die Raubenden ihrer Herr.

Sie werden siegessicher, übermütig. Sie reißen die Deckel auf, Brutdeckel, Honigdeckelchen, betrinken sich.

Ihr Geruch verrät sie den unglücklichen Turmbienen als Feinde.

Am offenen Honig kämpfend, verkleben Feind und Freund ihre Flügel.

Die fliehen wollen, können sie nicht mehr gebrauchen.

Die Jagenden werden zu Gehetzten.

Die Drohnen flüchten vor dem Chaos.

Neu kommende Räuber zerstören die Brut, werfen Ei, Larve, Puppe aus den Zellen, zerstören auch die.

Nur wenige noch sind da, die das Nest verteidigen.

Die Feinde sind in Überzahl. Immer mehr kommen, immer mehr!

Kommt! Hier ist Honig! Kommt! Hier ist reiche Beute! Die Drohnenmütterchen sind leicht überwältigt.

Die letzten Bienen des Turmvolkes werden gemordet.

Dann fliegen die Honigholenden in aller Friedlichkeit aus und ein.

Bald ist der letzte Honigtropfen weggetragen.

Später kommende Bienen finden kaum noch die Reste klebriger Zellen. Gegen Abend hin sind auch diese rein geleckt.

Die Drohnen, die dem Kampfe entflohen waren, wagen sich endlich zurück. Aber sie finden keine Spur von Futter mehr.

Am Morgen liegen sie vor Kälte starr, dem Hungertode nahe, in der dunklen Tiefe, wo auch die Königin und verkämpfte Bienen liegen.

Spinnen haben reiche Beute gewittert. Sie sind nun daran, die kleinen Leichname zu besaugen.

Das ist das Ende des Turmvolkes.

Honigtau

Die Tage des späten Sommers sind tiefblau und klar.

Die Baumwipfel stehen scharf in die Luft.

Im düsteren Waldschatten, im finsteren Dickicht leuchten wie kleine Laternchen die gelben Pilze.

Den nadelübersäten Waldboden heben sprießende Schwämme empor. Der Fliegenpilz glüht giftrot.

Die Heidelbeere ist reif, schwarzblau hängen die Beeren an den Stäudchen.

An Wegrändern verstaubt die himmelblaue Wegwarte.

Die Göttin Sonne schenkt allem seine hellste, seine tiefste Farbe. Dem Schatten gibt sie das kühle Dunkel, dem Bache das frohe, satte Glitzern.

Weiß, silberglänzend wachsen die Birken aus dunkelgrünem, oft auch aus schwarzem Boden, leicht ist ihr Gelaub.

Schwalben umfliegen den Kirchturm.

Wie lange noch werden sie bleiben?

Zum zweiten Male schon in diesem Jahre sind die Stare ins Land gekommen.

Abends blüht die weiche, gelbe Mondblume auf. Spätsuchenden Bienen wirft sie ein dichtes Staubgewebe über.

Die Nachmittage brauen oft drohende Gewitter, und, von heftigen Winden berührt, fallen frühreife wurmstichige Äpfel ins regenfrische Gras.

Die Hasen laufen nächtens in die Krautäcker, und die Krautköpfe brauchten nur Nebel, dichten, kalten Nebel, daß die Blätter sich eng und hart schlössen.

Die runden, bunten Hummeln brummen dumpf über die Heide.

Hornissen fliegen auf Raub.

An manchen Tagen rührt sich die Espe kaum, manchmal ist kein Lispeln in den Blättern der Hainbuche.

Oft treten über die Waldblöße wechselnde Rehe auf runde Kugeln, die stäubend zerplatzen.

Das Streugras schießt Halme hoch, bräunt sich.

Der Huflattich in der Schottergrube am Moorrande breitet seine fetten Blätter dicht über die glutbedrohten Würzlein.

Dann kommen die Tage, da Marienfäden durch die blaue Welt ziehen.

Der Berg, sonst eine dunkle, einförmige Wand, zeigt in der klaren Herbstluft seine Täler, seine Hügelchen, verrät mit sanften Wölbungen die Läufe kleiner Bäche, den Ursprung glitzender Quellen.

Die Bienentracht war durch Wochen hindurch spärlich gewesen.

Die letzten Tage haben mit schwülen Gewittern gedroht. Die Luft hat schwülfeucht gebebt, gezittert. Sie ist wie eine Last über dem Lande gelegen. Eine einzige Glut war das Moor.

Die Gewitter haben nicht mehr die Lebendigkeit, nicht mehr die Gewalt der früheren. Die Wolken sind träge, langsam geworden; sie sind schläfrig übers Moor gekrochen, schläfrig, ohne die Glut zu lindern, sind sie wieder gegangen.

Auch die Nächte bringen dem Lande keine Kühlung.

So erschließt der Wald seine Schätze.

Eines Tages hängen am frühen Morgen von den Fichtenstämmen im Walde feine Fäden nieder. Die Sonne macht sie glitzern. Die Nadeln glänzen wie nach einem Regen.

Früh schon fliegen die Bienen dem Walde zu.

Ein dumpfer, heiliger Ton lebt; es ist, als ob ihn der Wald selber sänge.

Vor dem Tore des Baumvolkes ist großes Getriebe.

Und über die Obstbäume hin, über die Waldblöße mit dem braunen Streugras, über den still-dunklen Moorbach, fliegen die Korbbienen. Es ist, als wären vieltausend dunkle Striche vom Korbe bis zum Walde gezogen.

Honigtau! Honigtau!

Die Äste sind über und über voll. Süß duftet jeder Baum.

Ist Honig vom Himmel gefallen?

Fließt aus den Bäumen der süße Saft?

Sind die Zweige zu Quellen geworden?

Sprengt der aufsteigende Erdsaft die Rinde?

Die Bienen kriechen durch die Nadeln. Sie füllen ihren Ranzen mit Honigtau, tragen ihn heim, holen neuen.

Die Waben waren in den geizenden Wochen bedenklich leer geworden. Nun aber füllen sie sich schnell. Der Waldhonig schillert schwarzgrün aus den Zellen.

In der Mittagsglut schwindet der Glanz der Nadeln, und die Fäden brechen ab. Der Honigtau vertrocknet, die Äste sehen wie überzuckert aus.

Aber immer wieder fällt neuer Tau auf die Äste.

Fällt er denn vom Himmel?

Es sitzen winzige Sauger, kleine Insekten, in den Nadelwinkeln der jüngsten Zweige. Die doch so kleinen Nadeln sind groß wie Riesenbäume gegen sie. Sie bohren ihre Saugborsten durch die dünne, zarte Rinde der Zweiglein. Und der harzige Saft des Baumes quillt ihnen mit der Gewalt des Blutes einer Wunde entgegen. Er durchrinnt ihre kleinen Körperchen, und sie, die Saugenden, werden Quelle des Taues. Der Baumsaft, mit den Säften der Sauger vermengt, verläßt in feinen Tröpfchen ihre Körperchen.

154

Jeder Zweig hat seine tausend Quellen, jeder Baum seine Myriaden.

Nicht jeder Sommer ist dem Gedeihen und Werden dieser Geschöpfe so günstig wie dieser, nicht jeder Spätsommer läßt den Nächten nach glühenden Tagen diese brütende Schwüle, die den Saugern Wuchs und Gedeih gewährt.

Vielleicht geschieht es schon im nächsten Sommer, daß eine kalte Nacht ihre Brut vernichtet. Die Bienen werden dann keinen Tropfen Honigtaues finden.

Tagelang ist reger Flug nach Waldhonig, er währt eine Woche und noch einige Tage.

Als die alte Mutter des Baumvolkes angefangen hat, in die Arbeiterinnenzellen unbefruchtete Eier zu legen, als sie drohnenbrütig geworden war, da hat ihr Volk Angst vor dem Untergange bekommen. Es ist unruhig geworden und immer unruhiger, je weniger weibliche Eier in die Wiegen gekommen sind.

Es ist offenkundig gewesen, daß die Mutter zu alt geworden war.

Die Bienen haben ihre Untüchtigkeit früh genug erkannt, und sie haben ein Weiselnäpfchen gebaut und die Mutter gezwungen, es zu bestiften.

Während andere Völker ihre Drohnen verjagt und vernichtet haben, sind die des Baumvolkes gehätschelte, verwöhnte Pfleglinge geblieben.

Es ist so gewesen wie in den Zeiten vor dem Schwärmen.

Und das Ei in der Weiselwiege ist zur Larve geworden, hatte königlichen Brei erhalten, ist in der mittlerweile vergrößerten Zelle zur Nymphe gereift, ist überdeckelt worden, und dann hat sie ein Gewebe um ihren ganzen kleinen Leib gesponnnen.

Die alte Mutter ist immer untüchtiger geworden.

Nun, während die Trachtbienen den Honigtau ernten, schlüpft aus der Weiselwiege die junge Königin.

Und während sich die junge Königin am Honig erlabt und während vor dem Tore die brünstigen Drohnen locken, halten die Bienen ihre alte Mutter gefangen.

Die Braut eilt zur Hochzeit. Ein Schwarm von Männchen umwirbt sie.

Hoch oben, über allen schwächlich Zurückgebliebenen, vermählt sich die Jungfrau mit der stärksten Drohne, nimmt ihr Leben in sich auf.

Das Männchen fällt tot zur Erde.

Die begattete Königin kehrt mit dem Mutterzeichen umflort in die Baumhöhle zurück.

Die alte Königin, die Gefangene, wittert das junge Weib, wird unruhig, will sich aus der Umklammerung ihrer Töchter befreien, möchte über die Nebenbuhlerin, die sie unwichtig macht, herfallen, möchte sie töten. Sie wehrt sich der Bienen, gerät in ernsten Streit mit ihnen.

Die lassen sie nicht los, ja, je gewaltsamer die Ungeduldige wird, desto enger fesseln sie sie. Und schon zucken vor Aufregung ihre Stacheln.

Da die alte Mutter nicht nachgeben will, machen es die Bienen kurz mit ihr:

Sie töten sie. Und eine Biene packt die Tote, trägt sie ins Freie und läßt sie draußen über dem Walde fallen.

Am anderen Tage jagen die Baumbienen die Drohnen, die wertlos Gewordenen, zu Haufen, lassen sie hungernd ermatten und geben Widerspenstigen ihr tödliches Gift zu kosten.

Die junge Mutter versagt nicht: sie gibt den Zellen befruchtete Eier.

Das Volk ist vor dem Untergang bewahrt.

Die Honigkränze über der Brut werden breit.

Immer noch quillt Honigtau aus den Myriaden Quellen.

Aber es kommt eine Nacht, die alles Lebende erschauern läßt.

Die Sterne schicken die scharfe Kälte ihrer Regionen vom Himmel.

Manche Blume verwelkt, vom Froste berührt.

Anderntags, nach Beute fliegend, finden die Bienen den Wald bar allen Honigtaues.

Die heiße Sonne vermag nicht mehr, die versiegten Quellen zu wecken.

Einige unentschlossene Tage folgen.

Die Flügel der Trachtbienen sind stark zerrissen und zerfetzt. Auch die Jüngsten, denen der Wald erste Weide gewesen war, haben sich zerschunden.

Suchende entdecken irgendwo draußen einige Pflanzen, die ein klebriges Wachs ausscheiden.

Das bringen sie, zu Höschen geformt, in die Wohnung.

Es sind genug der Fugen und Ritzen da, die verpicht werden sollen. Auch müssen die ausgebauten und schwergewordenen Waben mit den Wänden verbunden werden. Dann soll das doch zu große Flugloch enger gemacht werden, damit die Winde und Nebel nicht eindringen können. In der Kuppel oben sind die Wurmgänge zu verschließen, und auf dem Boden müssen die kleinen, aber zahlreichen Unebenheiten mit Hilfe des Kittharzes ausgeglichen werden, denn schon hat es sich gezeigt, daß im Gemülle unten die wachszerstörenden Rankmaden gewachsen sind. Freilich, das starke Volk hat aufgeräumt damit. Wenn aber diese Furchen, diese tausend kleinen Schründchen blieben, könnte sich mancherlei anderes Ungeziefer ansiedeln. Ihr Reinlichkeitssinn heißt die Bienen Ordnung schaffen.

Der gereifte Honig wird verdeckelt.

Den Blütenstaub übergießen die Bienen mit Honig.

Mit jedem Tage kommt die Göttin später über den Berg, verläßt sie früher das Land.

Herbst

Die Goldrute blüht auf, satt, gelb. Ihre tausend und aber tausend kleinen Blütlein hängen in dichten Rispen, die die Bienen saugend belaufen. Wenn eine sich hinsetzt, wirbelt ein Schwarm grünlich und rötlich schillernder Fliegen auf.

Der Spitzwegerich trägt zum zweiten Male in diesem Jahre graue Pollen.

Im Wechsel von Tag und Nacht platzen die Früchte des Rührmichnichtan. Weit im Kreise verstreuen sich die Samenkörner, die nicht geworden wären, wenn nicht vor Wochen Bienen die Narben der gelben und rotgepunkteten Blümlein bestäubt hätten.

Es gäbe nicht die Hälfte des Obstes, der Äpfel und Birnen, die sich nun in diesen milden Herbstagen von den Zweigen lösen und ins weiche Gras fallen, wären die Bienen im Frühling nicht stete Gäste der Bäume gewesen.

Oh, jeder Baum, jeder Busch, jeder Strauch, jede Pflanze und Blume, alle, alle, die nun Früchte, Beeren und Samen tragen und versäen, alle haben den Bienen ihren Reichtum zu danken!

Die biegsame Winde hockt weiß an Rainen. In Gärten duftet spät der Thymian, blau wie der Nachthimmel dämmert das Blümchen aus den büscheligen Zweigen. Blau auch, aus schmalen Blättern emporsteigend, steht der Lavendel in den Wiesen vor dem Moore.

In der Schottergrube halten die Sträucher des Honigklees der Sonne ihre gelblichen Blütentrauben entgegen.

Willkommen sind den Bienen die Tröpfchen, die der Kelch hinter Fahne, Flügel und Schiffchen birgt.

Nicht mehr so reich wie in den Tagen des Sommers ist die Tracht. Hätten die Bienen nicht schon geerntet und geheimst, läge der Linden- und Waldhonig nicht schon säuberlich verdeckelt in den Zellen, gering würde der Vorrat für den Winter werden. Denn was sie nun in ihre Stöcke bringen, das dient der Brut, das dient ihnen selber als Nahrung.

So spärlich wie nun Honig und Pollen in die Stöcke getragen werden, gerade so spärlich legen die Mütter ihre Eier. Von Tag zu Tag geben die Ammen ihnen weniger des königlichen Saftes, die Zellenputzerinnen sind nicht mehr so geplagt wie früher.

Während das Jahr gewachsen ist, während Wald, Wiese, Moor und Au im Aufblühen gewesen sind, haben die Bienenvölker an Zahl und Stärke zugenommen, sie sind gewachsen. Nun aber, da der Göttin Weg über dem Lande kürzer und immer kürzer zu werden beginnt, nun, da sie jedem Lebenden seine Erfüllung geschenkt und alles seiner letzten Bestimmung zugeführt hat, nun, da ihre Kraft verlischt, nun verlischt auch das emsige, rührige Leben der Bienen.

Es ist die Zeit gekommen, in der mehr Bienen sterben als werden. Irgendwo draußen überrascht die Ältesten der Tod. Er löscht sie aus, damit sie den Jüngeren, die nun harte Kämpfe zu bestehen haben, nicht zur Last würden. Sie hatten ihr ganzes Leben lang gearbeitet, Honig und Pollen gebracht. Und Honig und Pollen liegen nun oben im Speicher: Nahrung, Leben für neue Bienen!

Eine letzte große Tracht bringt der Herbst.

Das Moor breitet der scheidenden Göttin seinen glühroten Teppich hin.

Das Heidekraut blüht.

Ins Korbvolk, in das Volk, das im Baume wohnt, kommen Tänzerinnen.

Kommt! Kommt, Schwestern! Nektar gibt es!

Auch Pollenbringerinnen werben:

Auf! Holt Pollen!

Das Korbvolk und auch das Volk im Baume entsendet seine Feldbienen.

Die Bienen kehren graugelb behöselt zurück; vom frühen Morgen bis in den späten Abend hinein eilen sie auf Tracht.

Die Honigkränze werden breiter.

Die jungen Mütter der beiden Völker leben in neuem Eifer auf.

Im alten Baume, in dem das Leben im Einschlafen gewesen ist, wird es wieder laut wie im Sommer. Schwerbeladen jagen seine Mietlinge an das nun verengte Flugloch, und dann fliegen sie wieder, ihrer Bürde entledigt, ins Moor.

Und mit jedem Tage wird die Glut der Heideblütchen dunkler, und das Bienengesumme tönt wie ein Choral der Göttin entgegen.

Das ist die letzte große Ernte der Bienen.

Die Göttin Sonne wird müde. Das Land ahnt ihr Scheiden und umtut sich bunt.

Die Blätter der Buchen, der Linden, der Obstbäume, das Gelaube der Büsche und Sträucher, die Kirschenblätter vergilben und röten sich über Nacht.

Die Herbstzeitlose setzt sich in die Wiesen nahe am Bache.

Das Heidekraut ist abgeerntet, die Blüten verglühen, verblassen.

Die Mütter hören wieder auf, so viele Zellen zu bestiften. Mit jedem Tage wird die Zahl der Eier geringer, mit jedem Tage.

Und mit jedem Tage wird der Bogen, den die Göttin, dem Berge entstiegen, am graublauen Himmel abschreitet, kleiner.

Das Fell des Fuchses wird, da die Nächte kalt werden, dichter.

Die Eichhörnchen lesen letzte Bucheckern, Nüsse und Eicheln zusammen. Auch ihr Pelz verfärbt sich allmählich.

Nur noch selten ziehen Scharen später Zugvögel über das Land hin, dem Süden zu.

Der Häher rätscht.

Der Neuntöter dreht Käferchen auf die Dornen. Bald wird auch er das Land verlassen.

Die Winterschläfer richten ihre Nester und Höhlen zu.

Des Nachts formen die Bienen Trauben, daß ihnen keine Wärme verlorengehe.

Noch schlüpfen junge Bienen aus den Wiegen.

Tags, wenn die Flugbienen in den Mittagsstunden auf Suche fliegen, bleiben die Ältesten, die sich in den Fichtennadeln die Flügel zerrissen hatten, draußen. Sie sterben.

Die Blätter flattern welk zu Boden.

Unter den Buchen raschelt es dürr, wenn die Rehe durch das Laub laufen.

Die einzigen Blüten, die die Bienen noch finden, sind die des Weißklees.

Einige hundert wasserklare Nektartröpfchen sind ihre letzte Heimsung.

Ein rauher Herbststurm kahlt Bäume und Sträucher.

Hart, wie versteint, steht der Baumgreis im Walde. Die Bienen haben seine Risse verpicht, nun mag es stürmen, wie es will! Das Volk wird dem Winter trotzen, es wird ihn überdauern! Ja, überdauern wird es ihn, wenn sich nicht böse Dinge ereignen, wenn nicht vielleicht gefähr-

liche Feinde kommen. Vielleicht wird es im Frühjahr sogar einen Schwarm ins Land schicken können. Vielleicht!

Das Korbvolk ist bereit, daß ihm in den nächsten Tagen der Winter begegne. Es hat sein Werk getan. Nun
mag die Königin, nun mögen die Bienen rasten. Es werden Arbeiterinnen sterben, viele, aber die jüngsten, die
vor wenigen Wochen geschlüpft sind und die jetzt immer
noch aus der Wiege kriechen, die werden den Frühling
schauen, es sei denn, daß das ganze Volk, das Leben des
Volkes sich als zu schwach erweist.

Die Göttin Sonne entschwebt nicht mehr dem südlichen
Berge.

Sie hat jedem Wesen sein Leben gegeben, jedem Wachsenden, jedem Gehenden, jedem Fliegenden. Nun will sie,
daß jedes Leben von Ungemach, Gefahr und Feindschaft
heimgesucht werde.

Das Schwache, so will sie es, soll untergehen, bloß das
Lebensstarke soll die harte Zeit überdauern.

Die Schneeflocken wirbeln.

Ihr Bienen! Hütet euch!

Nachwort

Der Bienenroman will nicht mehr und nicht weniger sein als eine unverkünstelte Darstellung des Bienenlebens.

Von frühester Kindheit an von meinem Vater an den Umgang mit Bienen gewöhnt, erzogen zu sinn- und naturgemäßer Pflege der Bienenvölker, lernte ich bald erkennen, daß jeder Versuch, die Bienen ihrem ganz bestimmten Naturgesetze zuwider zu behandeln, unbedingt zu Mißerfolgen führen müsse. So haben gerade auch diese Mißerfolge den praktischen Imker gezwungen, sich demütig und liebevoll den Eigenheiten der Bienen zu unterwerfen. Und wenn mir vorerst auch alles rätselhaft geblieben war, so hatte ich dennoch im Laufe der Jahre, während welcher ich dankbarer Beschauer und auch wißbegieriger Beobachter gewesen war, Geheimnis um Geheimnis entschleiert.

Genaueste Aufschreibungen in Wort, Zahl und Bild über jedes der 160 Bienenvölker, die unter meiner Obhut gestanden hatten, haben es mir neben der lebendigen Anschauung ermöglicht, bisher ungeahnte Zusammenhänge zu erkennen.

Der tägliche Umgang mit Bienen, die ununterbrochene Beobachtung alles dessen, was mit Bienen zusammenhängt, hat mich viele Erfahrungen gewinnen lassen, und ich habe sie dazu verwendet, diesem Buche Sinn und Fülle zu geben.

Die Zahl der Bücher und Schriften, die von Bienen handeln, soll mehr als zwanzigtausend betragen. Neben viel Richtigem und Wahrem sind aber auch viele Irrtümer in die Welt gedrungen, und es wäre einem, der nicht selber mit lebendigen Bienen umgegangen ist, nicht möglich, die Spreu vom Weizen zu scheiden.

Der Bienenroman hätte keine Berechtigung, und ich würde ihn wohl niemals geschrieben und noch viel weniger hinausgegeben haben, wenn ich mir sagen müßte, ich hätte auch nur einen der geschilderten Vorgänge nicht selber mit eigenen Augen gesehen.

Freilich, wäre ich nicht durch die Werke einzelner Forscher auf bestimmte Dinge aufmerksam gemacht worden, so wäre der Bienenroman um vieles ärmer geblieben. Es ist meine Pflicht, folgenden Autoren zu danken: Professor Dr. Ludwig Armbruster, H. v. Buttel-Reepen, K. v. Frisch und Dr. Enoch Zander.

Zum Schlusse aber sage ich meinem Vater, der mich in der Pflege der Bienen unterwiesen hat, meinen Sohnesdank.

Georg Rendl

Leopoldskron bei Salzburg.
Im Februar 1931

Nachwort
von Hildemar Holl

Der Bienenroman

Leben und Werk des Dichters Georg Rendl waren eng mit den Bienen verbunden. Sein Vater machte ihn von Kindheit an mit allen Arbeiten des Imkers vertraut. Dabei schärfte sich Rendls Beobachtungsgabe, heranwachsend erkannte er die Bedeutung und Zusammenhänge von Naturvorgängen. In den Ferien seiner Realschuljahre erlernte er bei einem Tischlermeister die einem Imker nötigen Fertigkeiten in diesem Handwerk. Die penibel sauber ausgeführten Holzkästchen, die Georg Rendl für seine Manuskripte und Schriften angefertigt hat, geben davon Zeugnis. Heute noch ist der wichtigste Teil seines umfangreichen Nachlasses darin aufbewahrt.

Ausgedehnte Reisen zu namhaften Bienenzüchtern führten Rendl bis nach Schleswig-Holstein, auf die Nordseeinseln und nach Schlesien. In der von seinem Vater in Bürmoos errichteten Bienenfarm betreute er alleinverantwortlich 160–200 Bienenvölker. Als Volontär arbeitete er in großen Imkereien in Ungarn und in Serbien. Neben der praktischen Arbeit mit den Bienen fand er noch Zeit für populäre und wissenschaftliche Veröffentlichungen. *Bienen und Honig, Mitteilungen der alpenländischen Bienenwirtschaft aus der Bienenfarm Bürmoos* heißt eine kleine Informationsschrift, von der zwei Nummern im Nachlaß erhalten geblieben sind. *Milben-Seuche, Anleitung für den Imker zum Nachweis der Milbenseuche* war das Ergebnis wissenschaftlicher Untersuchungen, die der Vierundzwanzigjährige 1927 in Bürmoos veröffentlichte.

In seinem kleinen Roman *Darum lob' ich den Sommer,* einer melancholischen Liebesgeschichte, der die Landschaft um Scharfling am Mondsee als Hintergrund dient, ist der Held ein junger Forscher, der Milben-Erkrankungen von Bienen untersucht. Auch andere literarische Texte geben davon Zeugnis, daß Rendl seine praktischen und wissenschaftlichen Erkenntnisse ins Künstlerische übertrug. Die naturwissenschaftliche Kenntnis des

Bienenlebens und Rendls umfassende praktische Vertrautheit mit ihnen begründeten das Fundament für sein wohl bekanntestes und erfolgreichstes Werk, für den *Bienenroman.*

In seinem Nachwort zum *Bienenroman* sagt es Georg Rendl deutlich: „Eine unverkünstelte Darstellung des Bienenlebens" wolle er geben, was er aber dabei nicht aussprach, weil es ihm zu selbstverständlich schien, war, daß es eine Darstellung mit den Mitteln der Erzählkunst sein solle. Eines wollte Rendl ganz und gar nicht: Daß man seinen *Bienenroman* fälschlicherweise als Staatsroman, als Beispiel für die menschliche Gesellschaft verstehen könnte.

Georg Rendls naturwissenschaftlich richtige Erkenntnis, daß nur das den biologischen Gesetzen Gemäße in der Evolution erfolgreich sei, erlaubt keinen „Kurzschluß" auf die menschliche Gesellschaft. Rendl beschreibt im *Bienenroman* die biologischen Gesetze der Honigbiene als durchaus nicht ewig, sondern als evolutionär und im Laufe der Jahrtausende als verändert und veränderbar. Es geht Rendl also nicht um den hierarchisch geordneten Bienenstaat als Modell für die menschliche Gesellschaft, sein Thema ist die wunderbare Entwicklung und Veränderung eines Bienenvolkes im Laufe eines Jahres.

In seinem Nachwort nennt Rendl einige Naturwissenschaftler, denen sein Roman vieles verdankt; einen der Genannten möchte ich herausheben: den österreichischen Biologen Karl von Frisch, der u. a. im Brunnwinkel bei St. Gilgen am Wolfgangsee seine Forschungen betrieben hat und der für die Entdeckung der „Bienensprache" (Bienentanz) 1973 mit dem Nobelpreis (gemeinsam mit Konrad Lorenz) ausgezeichnet worden ist.

Was ist das Geheimnis des *Bienenromans?* Das Thema verspricht an sich nichts Spektakuläres, die Bienen sind uns eher vertraut als fremd; ein Sachbuch scheint dem Thema eher angemessen zu sein als die Gestaltung in einem Roman.

Rendls Ausgangspunkt, so könnte man meinen, ist einfach: Die Hauptperson des Romans ist ein Bienenvolk, der Zeitrahmen mit vier Jahreszeiten leicht überschaubar, der Ort des Geschehens eng umgrenzt – wir haben es also mit der seit der Antike vertrauten Einheit von Zeit und Raum zu tun. Doch die Raffinesse, oder anders gesagt, die künstlerische Gestaltung, Vertiefung und Auffächerung liegt in Rendls konsequenter Blickrichtung zum Kleinen. Dort, im Kleinen, zeigt er uns das Große, die Metamorphosen der Natur, das den Jahreszeiten, dem Futterangebot, dem Instinkt entsprechende Verhalten der Bienen.

Daß der Roman beim Beginn der Lektüre vielleicht etwas absonderlich wirkt, weil ja keine Personen darin vorkommen, wird von der Anziehung durch die poetische Sprache des Dichters bald wettgemacht. Rendls Verzicht auf Sentimentales oder Moralisierendes verstärkt die Genauigkeit seiner Beobachtungen. Kurze und kürzeste Sätze, das Vorherrschen des aktiven Geschehens, die gekonnte Verwendung von Dialog und rhetorischen Figuren und eine knappe, treffende und genaue Sprache verleihen dem *Bienenroman* starke Rhythmik und Spannung.

Der analytische Blick in den Bienenkorb und in die fremdvertraute Welt der Blumen, Bäume, Gräser und Tiere, das Nennen von Gefahr, Mißbildung, Kampf und Tod neben dem Blühen und Wachsen, alles das erzeugt zusammen mit der Stimmigkeit der Sprache eine wahre Poesie des Lebens.

Leben und Werk

Georg Rendl wollte seit seiner frühen Jugend Dichter werden, doch lange und schmerzlich war der Weg zur ersten Publikation.

Er wurde am 1. Februar 1903 in Zell am See geboren. Bald zog der Vater als Gebäudemeister der Staatsbahn nach Salzburg. Ein eigenes Haus mit einem großen Garten gab der Familie Geborgenheit. Eine Rheumaerkrankung führte den Vater zur Imkerei, die er nebenberuflich mit großem Interesse und Erfolg betrieb.

Ein ausrangierter Eisenbahnwaggon im elterlichen Garten war der beliebte Treffpunkt kunstinteressierter Freunde, unter ihnen Josef Kaut, der spätere Präsident der Salzburger Festspiele, ein Lebensfreund Rendls. „Wir 1903 Geborenen waren nicht an der Front, doch wurde der Weltkrieg zu unserem Erlebnis", schrieb Rendl 1938 in einer autobiographischen Notiz. Hoffnung und Ausweg aus der Krise der Nachkriegszeit lag für die Freunde vor allem in der Literatur. Gerhart Hauptmann und Ibsen, besonders aber Strindberg hießen die großen Vorbilder, auch die

Expressionisten fanden hellen Anklang. Die 1919 gegründete „Salzburger Literarische Gesellschaft", mit Ginzkey, Stefan Zweig und Hermann Bahr im Vorstand, nahm freundliche Notiz von den „Jüngsten". Für deren hektographierte Zeitschrift *Der blaue Föhn* spendete Bernhard Paumgartner, damals Direktor des Mozarteums und später Präsident der Salzburger Festspiele, das Papier. Schon im Titel der Zeitschrift klingt die Verbindung zu Georg Trakl an, der mit seinen Gedichten die um einen Platz in der Literatur Ringenden nachhaltig beeinflußte.

Wegen eines Streites mit einem Professor verließ Georg Rendl 1920 vorzeitig die Realschule. Nun vertiefte er sich in der väterlichen Bienenfarm in Bürmoos ganz in die Imkerei. Die Inflation und der Zusammenbruch einer Genossenschaft, für die sein Vater gebürgt hatte, verschlangen das elterliche Vermögen. Rendl mußte Arbeit suchen. Dabei scheute er nicht die härtesten Mühen. In seiner *Glasbläser-Trilogie*, 1995 im Otto Müller Verlag neu aufgelegt und damit einem großen Leserkreis wieder zugänglich, und in einer Reihe von anderen Werken gibt Rendl Zeugnis von diesem prägenden Lebensabschnitt.

Bahnarbeiter beim Gleisbau, Bergmann, Arbeiter in der Lehmgrube einer Ziegelei und dann das Erlernen des Glasbläserberufes waren die Stationen dieser Jahre. Auch Rendl blieb das bittere und erniedrigende Los der Arbeitslosigkeit nicht erspart.

Dem Elend dieser Zeit und dem Hunger zum Trotz setzte der Arbeitslose ein Zeichen. Er schrieb *Vor den Fenstern*, den bedrückenden Roman einer Arbeitslosenexistenz. Wie so viele andere junge Autoren, suchte auch Georg Rendl den Rat eines anerkannten älteren Kollegen. Es war Stefan Zweig, dem er sich anvertraute. Stefan Zweig zögerte nicht und machte den namhaften Insel Verlag auf Rendl aufmerksam. Auch von Richard Billinger wurde Georg Rendl an den Insel Verlag empfohlen. Am 20. Dezember 1929 schrieb Katharina Kippenberg, die Frau des Gründers und Besitzers des Insel Verlags in Leipzig, die ihren Mann auch als Lektorin unterstützte, an Rendl:

> Herr Richard Billinger hat mir so viel Schönes von Ihren Arbeiten erzählt, daß wir den Wunsch haben, Sie kennen zu lernen, und ich möchte Sie bitten, mir das Passende, z. B. etwa die Erzählung ‚vor den Fenstern' einmal einzusenden.

Rendl ergriff sogleich diese Gelegenheit, die ihm die langer-
sehnte Aussicht bot, als freier Schriftsteller zu leben.
In einem Brief vom 4. Mai 1930 an Katharina Kippenberg
schilderte Rendl seine Situation:

> Herr Dr. Zweig hatte die Güte, das Manuskript zu lesen
> und er hat mir schöne Dinge darüber gesagt, Sachen,
> über die ich mich sehr freuen kann. Herr Dr. Zweig hat
> mir aber auch gesagt, wo noch Schwächen vorhanden
> sind, ich könne, sagte er, mit wenigen Mitteln, mit eini-
> gen Einschiebungen die Spannung und Farbigkeit sehr
> steigern, es würde dann ein sehr anständiges Buch wer-
> den.
> Ich habe das Gefühl, daß Dr. Stefan Zweig recht hat, und
> wenn ich seinen Rat befolge, nichts anderes tue, als mir
> die Erfahrung und das Wissen eines guten Kritikers, der
> mir zum Erfolge verhelfen will, zunutze mache.

Während Rendl, wie Stefan Zweig es ihm geraten hatte, seinen Arbeitslosenroman *Vor den Fenstern* überarbeitete, reifte sein
Entschluß, den *Bienenroman* zu schreiben.
Zu Jahresbeginn 1931 schrieb er wieder an Katharina Kippenberg:

> Leopoldskron bei Salzburg,
> Haus Trautheim, den 15. 1. 1931
> Sehr verehrte Frau Professor Kippenberg!
> Vielleicht ist es Ihnen, sehr verehrte Frau Professor, nicht
> unwichtig, zu erfahren, was mir Billinger und Frau
> Zweig über den Bienenroman gesagt haben. Freilich bin
> ich mir dessen bewußt, daß das nicht ausschließt, daß
> Sie anderer Meinung sein können, die richtiger sein kann
> und auch richtiger sein wird. Billinger meint, ich hätte
> gegenüber „Vor den Fenstern" einen großen Fortschritt
> gemacht, ich hätte auch den einzig möglichen Ton für
> den Stoff gefunden und getroffen. Frau Zweig sagte mir,
> sie fände das Buch sehr gut, die Sprache sei rein und
> klar und sie zweifle nicht, daß gerade dieses Buch sei-
> nen großen Erfolg haben wird.
> Nun bitte ich Sie sehr, nicht zu glauben, ich sei eitel oder
> eingebildet oder anmaßend, wenn ich Ihnen ganz ohne
> Umschweife sage, daß in der gesamten Bienenliteratur
> kein Buch existiert, das dem meinen auch nur irgend-
> wie gliche. Es gibt kein Buch, das dem Leser ein solch
> unkompliziertes Bild von dem doch so komplizierten Le-

ben der Bienen gewährte und dabei doch so gründlich alle Erscheinungen dartäte. Das betrifft das rein Stoffliche – was das Künstlerische anlangt, darüber zu reden steht mir nicht zu.

Vor etwa vier Monaten waren Billinger und ich zufällig mit Stefan Zweig beisammen und damals habe ich meine Absicht, den Bienenroman zu schreiben, dargetan. Ich habe während vieler Stunden den ganzen Hergang der Handlung geschildert, nahezu so, wie ich ihn dann niedergeschrieben hatte. Ich habe aber, als ich fertig erzählt gehabt hatte, gesagt, ich würde den Roman gerne schreiben, wenn ich nur einigermaßen wüßte, ob ich auf Interesse, auf Erfolg rechnen könne, denn ich müsse schließlich doch auch leben.

Da sagte Stefan Zweig, es sei gar kein Zweifel, daß ein solches Buch einen großen Leserkreis haben würde, ich solle nur anständig arbeiten, der Erfolg werde von selber kommen. (...)

Trotz der vom Verlag erbetenen und von Rendl willig vorgenommenen Umarbeitungen des Arbeitslosenromanes *Vor den Fenstern,* dem die Schwächen eines Erstlingswerkes noch zu sehr anhafteten, konnte sich der Insel Verlag nicht entschließen, das Buch zu veröffentlichen. Doch beim *Bienenroman* war es anders. Der Insel Verlag ermunterte, unterstützte und begleitete den Autor, der sich plötzlich beim berühmtesten Literaturverlag im deutschen Sprachraum beheimatet sah.

„Die Aufnahme in den besten und vornehmsten deutschen Verlag bedeutet für mich, wie Sie sich wohl denken können, den größten Erfolg, den ich mir habe wünschen dürfen und ich werde allen Fleiß und alle Mühe aufwenden, auch weitere Erfolge zu erringen," schrieb Rendl am 6. August 1930 an den Verleger Anton Kippenberg.

Doch die Freude, nun zum prominenten Kreis der Insel-Autoren zu zählen, trübte nicht Rendls realistische Einschätzung seiner Position. Bereits am 4. Juli 1930 schrieb er an Katharina Kippenberg, die ihm immer mehr zur mütterlichen Ratgeberin wurde:

Alles in allem aber weiß ich, daß es wahrscheinlich ist, daß ich von den Prominenten als Eindringling betrachtet werde, da ich für sie doch immer nur der Prolet sein werde.

Der Insel Verlag ließ Rendl seine Herkunft aber keineswegs spüren. Der *Bienenroman* überzeugte den Verlag von der dichterischen Kraft des jungen Autors. Am 24. Jänner 1931 schrieb Katharina Kippenberg an Richard Billinger:

> So habe ich auch (wegen Arbeitsüberlastung, Anm. H. Holl) die Lektüre von Rendls Bienenroman unterbrechen müssen. Von den Tatsachen, die er schildert, stand ich einfach Kopf. Soll man glauben, daß ein so fein ausgearbeitetes Staatswesen bei Tieren möglich ist? Viel hat man ja schon darüber gehört und gelesen, z. B. Maeterlinck, aber mir scheint, noch niemand ist so tief in die Geheimnisse des Bienenstocks eingedrungen wie er.

Neben der positiven Aufnahme des *Bienenromans* durch die literarische Kritik erhielt Rendl ungeteiltes Lob von der Fachpresse der Imker und von zahlreichen Wissenschaftlern, die sich mit der Erforschung und Pflege der Bienen befaßten.

Durch regelmäßige Zuwendungen sowie durch namhafte Vorschüsse war es Rendl nun möglich, seine drückendsten Schulden zu begleichen. Zeitungsabdrucke von Erzählungen, Lesungen und Hörspiele im Rundfunk und nicht zuletzt Übersetzungen des *Bienenromans* in England, in Amerika und in Holland verhalfen dem jungen Autor zu einem nicht geringen Bekanntheitsgrad.

Katharina Kippenberg war es auch, die Rendl drängte, sich mit Karl Heinrich Waggerl, der ebenfalls ein Autor des Insel Verlags war und der in Wagrain lebte, zu versöhnen. Doch eine wirkliche Annäherung Rendls an den viel geschäftstüchtigeren Dichterkollegen aus dem Salzburger Land brachte auch sie nicht zustande.

Als der Insel Verlag trotz der vielen Umarbeitungen des Romans *Vor den Fenstern* eine Drucklegung endgültig ausschloß, wandte sich Rendl, der auch – nicht ganz gerechtfertigt – das Engagement des Insel Verlages für den *Bienenroman* als zu gering bemängelte, an die Deutsche Verlags-Anstalt in Stuttgart, die den Arbeitslosenroman *Vor den Fenstern* sogleich auflegte und mit gutem Erfolg verkaufte. Auch gelang es dem Stuttgarter Verlagshaus rasch, Übersetzungen ins Holländische und Französische zu vermitteln. Wenig später erschien bei der Deutschen Verlags-Anstalt auch Rendls Sommernovelle *Darum lob' ich den Sommer*, die ebenfalls ins Englische übersetzt worden ist.

Rendl schloß mit Curt Weller, dem Lektor der Deutschen Verlags-Anstalt, Freundschaft. Die Deutsche Verlags-Anstalt machte ihn mit einer Reihe jüngerer Autoren bekannt, unter anderem mit Erich Kästner, dessen Roman „Fabian" Rendl sehr lobte. Der Stuttgarter Verlag schlug Rendl auch für den sehr angesehenen Kleist-Preis vor.

Neben der Geschäftskorrespondenz haben sich im Nachlaß Rendls auch viele private Briefe erhalten, die ein weit deutlicheres Bild für die Beziehung eines Autors zu seinem Verlag vermitteln, als die doch recht trockenen geschäftlichen Schreiben.

Einige für Salzburg nicht uninteressante Details sind diesen Briefen zu entnehmen. So fragte der Stuttgarter Lektor bei Rendl an, ob nicht er, der doch beim Insel Verlag Autor sei, seinen Salzburger Kollegen Karl Heinrich Waggerl vom Insel Verlag weg und zur Deutschen Verlags-Anstalt hinbringen könnte. Wenig bekannt ist auch, daß Georg Rendl mit Max Reinhardt in Verbindung stand. Am 5. Jänner 1933 schrieb Rendl an Lektor Weller:

> Ich war gestern mit Reinhardt, der inzwischen die ‚Passion' gelesen hat, ziemlich lange beisammen. Er sagte mir, er sei von dem Werke begeistert und er freue sich schon darauf, es zu inszenieren. Er fände die Art der Stoffbehandlung fast einwandfrei gut, und ich möge nur da und dort einiges ändern.

Rendls Drama *Die große Passion* sollte 1933 oder 1934 bei den Salzburger Festspielen von Max Reinhardt uraufgeführt werden. Auch das Wiener Burgtheater interessierte sich für das Stück. Als Rendl das Drama der Deutschen Verlags-Anstalt anbot, erhielt er bald den Rat, den Paul Zsolnay-Verlag in Wien für das Stück zu interessieren. Rendl konnte das Drama im dortigen Bühnenverlag unterbringen. Als er davon seinem Freunde Curt Weller brieflich Mitteilung machte, fragte dieser gleich bei ihm an, ob es ihm nicht möglich sei, ihn bei Zsolnay als Lektor zu empfehlen, denn er wolle die Deutsche Verlags-Anstalt verlassen. Rendls Einfluß war für den Stellenwechsel wohl zu gering, auch die *Große Passion* wurde weder in Salzburg noch in Wien aufgeführt, obwohl Rendl am 2. April 1933 seinem Freund Weller nach Stuttgart schrieb:

> Endlich komme ich dazu, Ihnen über die Vorlesung der „Passion" zu berichten. Sie hat am Donnerstag, den 30. 3.

stattgefunden und zwar in der Wohnung der Burg-
schauspielerin Maria Eis. Es waren im ganzen etwa 35
Herren und Damen anwesend. Ich führe hier die Namen
derer an, deren ich mich entsinne: Robert Hohlbaum,
Terramare, Schreyvogel, Guido Zernatto, Heinrich Suso
Waldeck, Herbert Strutz, Regisseur des Burgtheaters Neu-
bauer, Franz Theodor Csokor, Burgschauspieler Theo
Götz, (...) Redakteur der „Reichspost" Rudolf List, der
Direktor des Zsolnay-Verlages Dr. Costa usw. Die Vorle-
sung dauerte anderthalb Stunden. Es gab sehr ergriffene
und dankbare Zuhörer (...). Aus einer am nächsten Tage
stattgehabten Unterredung mit einem Burgtheaterdrama-
turgen (Dr. Friedrich Rosenthal) habe ich den Eindruck
gewonnen, daß man dort großes Interesse für eine noch
heuer mögliche Uraufführung hat.

Eines geht aus der Geschäftskorrespondenz eindeutig hervor:
Die ständigen drückenden Geldsorgen, mit denen Rendl auch
in jenen Zeiten kämpfte, in denen sich seine Bücher gut verkauf-
ten und er in Zeitungen, Zeitschriften, im Rundfunk, bei Buch-
gemeinschaften sowie für Vorträge ein gefragter Autor war, be-
gleiteten ihn sein Leben lang. Der Ertrag aus der schriftstelleri-
schen Arbeit reichte auch für eine sehr sparsame Lebensführung
kaum aus. Dazu kam, daß Rendl viele Arbeitsmonate in Projekte
investierte, die keinerlei Einkommen abwarfen. Der im Literatur-
betrieb zu unerfahrene Autor zahlte sehr viel Lehrgeld, so z. B.
in der mehrjährigen „Affäre" um sein Drama *Elisabeth, Kaiserin
von Österreich*, das er im Auftrag des Wiener Volkstheaters schrieb
und an dem aufgezwungene Bearbeiter und Ratgeber, Dramatur-
gen und der Verlag verdienten, nur der Autor fast leer ausging.
   Nach dem *Bienenroman, Vor den Fenstern, Darum lob' ich den
Sommer* entstand Buch auf Buch. Daneben schrieb Rendl Stücke
für Laientheater, weitbeachtete Hörspiele, Erzählungen und Gedichte. Immer wieder warnten ihn die befreundeten Verleger
und Lektoren, seine Arbeitskraft nicht so auszubeuten.
   Stefan Zweig lud den jungen Schriftsteller, der bis Mitte 1933
in Leopoldskron wohnte, dann nach Bürmoos in die als letztem
Familienbesitz gebliebene Bienenfarm übersiedelte, wiederholt
zu sich ein. In einem Rundfunkessay aus dem Jahr 1946 erinnerte sich Georg Rendl seiner letzten Begegnung mit Stefan Zweig:

   Selten nur kam er nach Salzburg zurück. 1937 war es
   das letzte Mal, und er kam, seinen Hausstand aufzulö-

sen (...). Wir hatten einander auf der Staatsbrücke getroffen, gingen zusammen Mittag essen, dann lud er mich ein, mit ihm auf den Kapuzinerberg zu gehen, dort werde eben die Bibliothek ausgeräumt und ich solle mir doch nehmen, wofür ich Interesse hätte. Ja, oben wurde die riesige Bibliothek, diese Sammlung, die ein kultivierter Bücherfreund in Jahrzehnten zusammengetragen hatte, aufgelöst.

‚Sehen Sie', sagte er, ‚das nennt man die Zelte abbrechen, das ist der alttestamentarische Augenblick eines Aufbruchs zur Flucht. Nie habe ich's deutlicher empfunden, daß ich Jude bin.' Er hatte das ohne Haß gegen die Schuldigen an seiner Flucht gesagt, es waren aber Worte voll der tiefsten Melancholie, die ein Unabwendbares sich vollziehen sieht; es war die Melancholie des Geistes in ihm.

Ich solle mir nehmen, was ich wolle, sagte er, aber ich scheute mich, aus dieser Katastrophe beschenkt hervorzugehen.

‚Ich möchte wenigstens einen Teil der Bücher bei einem Menschen wissen, der sie schätzt. Tun Sie mir, bitte, das zuliebe!'

So bezeichnete ich jene Bücher, die mein Interesse erweckten. Es waren solche aus der naturalistischen und expressionistischen Epoche.

In der Einleitung zu seiner Rundfunkbearbeitung des großartigen Romans *Radetzkymarsch* von Joseph Roth erinnerte sich Georg Rendl 1946 an seine Begegnung mit dem Dichter:

Er war im Vorsommer 1937 als Gast Stefan Zweigs nach Salzburg gekommen. Schon einige Tage nach seiner Ankunft lernte ich ihn bei einer Zusammenkunft mit seinem Freunde Zweig, der ihn sehr hochschätzte, kennen. Wir haben uns in vielen Dingen getroffen (...). Gut entsinne ich mich jenes Abends, als die Gattin Stefan Zweigs, meine Frau und ich von Mülln längs der Salzach zur Stadt wanderten, und das Unerwartete geschah, daß Roth uns plötzlich zurückhielt und in großer Erregung zu uns sagte:
‚Es ist alles umsonst, das ist nicht aufzuhalten. Glaubt mir, glaubt es mir! Ich habe soeben alle Häuser da – alle, die ganze Stadt beflaggt gesehen mit Hakenkreuzfahnen!'

Rendl war gerne in Gesellschaft und ein treuer und freigiebiger Freund. So nahm er sich des zwischen Bayern und Salzburg vazierenden Lyrikers Jakob Haringer an, knüpfte für ihn zum Salzburger Pustet Verlag Kontakte, bürgte für das Haus, das der nicht nur in finanziellen Dingen völlig sorglose Haringer in Ebenau gekauft hatte und kündigte ihm die Freundschaft selbst dann nicht auf, als Haringer keinerlei Rückzahlung leistete und Rendl selbst in arge Bedrängnis kam. Rendl, der selbst malte, war mit den Salzburger Malern Albert Birkle und Wilhelm Kaufmann gut bekannt. Eine helle Freundschaft verband ihn sein Leben lang mit dem Salzburger Maler Josef Schulz, der seinen scharfen Intellekt und sein Herz gerne hinter deftigen Grobheiten versteckte. Josef Schulz war mit Ludwig von Ficker befreundet, welcher als Förderer Trakls und als Herausgeber der kulturpolitisch eminent wichtigen Zeitschrift *Der Brenner* in die Literaturgeschichte eingegangen ist. Auch Alfred Kubin gehörte zu den Freunden und Briefpartner von Schulz. *Der Brenner* hatte auf Rendl ebenso Einfluß wie Karl Kraus mit seiner *Fackel*.

Rückzug vor der politischen Indienstnahme

Im Jahr 1938 zog sich Rendl nach St. Georgen bei Oberndorf zurück, um der politischen Einvernahme in Salzburg zu entgehen. Bereits 1933 hatte er seinen Verlag verständigt, daß er weder von der Bildfläche zu verschwinden gedenke, noch mit dem Strom mitschwimmen werde. Er hoffte, daß ihm sein Ruf als katholischer Schriftsteller eine Weiterarbeit ermöglichen werde. Tatkräftig renovierte er ein altes Brechelbad, das er von der Pfarrgemeinde St. Georgen gemietet hatte. Aber die Landeinsamkeit war ihm keine Idylle. Bald nach dem „Anschluß" verhaftet, ständig von Sondergerichtsverfahren bedroht, mußte er 1940 binnen dreier Tage als Sanitätssoldat einrücken. Im April 1945 konnte er sich in Kitzbühel gerade noch der Verhaftung entziehen, zu der er wegen Unterstützung österreichischer Widerstandskämpfer mit Waffen und Munition ausgeschrieben war. Der „Bund demokratischer Freiheitskämpfer Österreichs" verlieh ihm dafür 1947 eine Ehrenurkunde. Um in der NS-Zeit publizieren zu können, mußte Rendl der Reichsschrifttumskammer beitreten. Er veröffentlichte Tier-, Natur- und Jugendbücher sowie religiöse Literatur. Kennt man Rendls negative Einstellung zum Nationalsozialismus (1937 wandte er sich z. B.

scharf gegen den „Katholischen Antisemitismus" in österreichischen Katholikenkreisen), so ist es um so erstaunlicher, daß er 1940 dem Regime doch noch seine Reverenz erwies (erweisen mußte). Im Hermann Eichblatt-Verlag in Leipzig erschien sein kleines Buch *Jetzt ist es anders*, das Ausschnitte aus seinen sozialkritischen Texten der dreißiger Jahre bringt und jeweils in einem nachgestellten pronationalsozialistischen Kommentar die soziale Situation vor und nach dem „Anschluß" gegenüberstellt. Ohne diese Kommentare war der Erzählband bereits 1934 unter dem Titel *Arbeiter der Faust* erschienen, 1938 bemühte sich Rendl vergeblich um die Freigabe der Verlagsrechte. Leider sind die Unterlagen über dieses Buch *Jetzt ist es anders* im Nachlaß nicht mehr enthalten, aber es spricht einiges dafür (nicht nur der andere Schriftgrad), daß der Verlag die Kommentare ohne Rendls Wissen hinzugefügt hat.

Zeitkritik und Anerkennung

„Nicht imstande, meine Erfolge durch andere als durch künstlerische Mittel zu erringen, also nicht über Parteien, Bonzen, Fabrikanten, Braumeister oder Cliquen, auch nicht durch den sogenannten Kunst- und Künstlerbetrieb, und durchaus abgeneigt, ein bequemer Zeitgenosse zu sein(...)", schrieb Rendl in seiner Lebensskizze von 1948. Die Wiederauflage seiner Bücher *(Der Bienenroman, Darum lob' ich den Sommer, Glasbläser-Trilogie)* trug ihm Bekanntheit und Selbstbewußtsein ein. *Der Bienenroman* erschien 1947 im angesehenen Verlag „Das Silberboot" (Salzburg), den der Dichter, Hörfunkredakteur und Emigrant Ernst Schönwiese als wirtschaftliches Standbein für seine gleichnamige Literaturzeitschrift, die zu den wichtigsten literarischen Publikationen der Nachkriegszeit zählt, gegründet hat. 1952 nahm der große österreichische Verlag Kremayr & Scheriau den *Bienenroman* in sein Programm und erreichte über die Buchgemeinschaft Donauland ein breites Publikum.

Mit den Romanen *Ich suche die Freude* (1947) und *Der Ungeliebte* (1952) griff Rendl Fragen der Zeit auf. Krieg, Nachkrieg, Flüchtlingsproblem, Heimkehrerfrage, Verlust der Menschenwürde und die Frage nach der Schuld sind nun seine Themen, sein Anliegen ist es, „die Zeit zu formen".

Zu diesen Romanen, die diese Zeitfragen reflektieren, traten nun eine Anzahl religiöser (Laien)Spiele sowie eine Reihe von Dramen, von denen *Bleiben Sie bei uns, Vianney* (1955, über den berühmten Pfarrer von Ars) und *Savonarola* (1957) im Salzburger Landestheater uraufgeführt worden sind.

In diesen Jahren förderte er den um zehn Jahre älteren Eisenbahner und Autodidakten Georg Eberl mit Rat und Tat und begleitete die dreibändige, höchst erfolgreiche Autobiographie *(Ich war ein lediges Kind, Als ich Jungknecht war, Wie ich Eisenbahner wurde)* dieses Salzburger Dichters mit Aufmunterung und Anerkennung. Eine Auswahl aus den beliebten Büchern Eberls und aus seinem essayistischen Werk erschien unter dem Titel *Die bessere Heimat,* herausgegeben von Siegfried Hetz, 1993 als Band 1 der „Salzburger Bibliothek" im Otto Müller Verlag. Eine lange Freundschaft verband Rendl mit dem Pazifisten und Schriftsteller Rudolf Jeremias Kreutz aus Wien, der in seinem ganzen Werk vor blindem Nationalismus und Krieg warnte.

Rendls Anerkennung als Schriftsteller dokumentierte sich nun in der Verleihung des Professorentitels (1951) und in der Zuerkennung der Ehrenbürgerschaft der Gemeinde St. Georgen im selben Jahr.

Der mit den späten fünfziger Jahren einsetzende Wandel in der österreichischen Literatur – u. a. die Abwendung vom traditionellen Erzählen – drängte auch Georg Rendl mehr und mehr in den Hintergrund. 1963 erschien der Band *Das sind die Gedichte,* ein Lob der Schöpfung in freien Rhythmen, aber auch Bekenntnis der Angst und der Einsamkeit, gemildert und geläutert durch das Vertrauen in Gott. Diese tiefe Religiosität half Rendl auch, die Folgen eines Schlaganfalles zu überwinden und sein Versprechen zu erfüllen, im Falle der Gesundung dem hl. Franziskus eine Kapelle zu bauen. In diesen Jahren fand er nicht nur neue Freunde, wie Karl Heinz Ritschel, den Chefredakteur der *Salzburger Nachrichten,* sondern er wandte sich zunehmend der Malerei zu, wozu er schon in der Jugend das Fundament gelegt hatte.

Sein letztes, unvollendet gebliebenes Werk *Der reiche Bettler* ist eine rhythmische Dichtung der Dankbarkeit, Dank für ein reiches Leben in materieller Kargheit, Dank an Gott und die Natur.

Als Georg Rendl im bitterkalten Jänner 1972 einsam in seinem Haus verstarb und erst Tage später aufgefunden wurde, erfüllten sich seine Verse: „Ich sag es ohne Mitleid mit mir selber, daß allerlei geschehen könnte hier mit mir, von dem sehr lange niemand was erführe. Ich leugne nicht die Angst, die ich mit allen Kreaturen teile…".

Herausgeber und Verlag danken der „Stiftung – Salzburger Literaturarchiv" für die freundliche Genehmigung, in den Nachlaß Georg Rendls Einsicht zu nehmen und daraus Briefstellen abdrucken zu dürfen.

GEORG RENDL

ZEITTAFEL UND VERZEICHNIS DER WERKE
(AUSWAHL)

1903   Geburt in Zell am See am 1. Februar.

1915   Eintritt in die Salzburger Realschule.

1920/   Er verläßt die Realschule vor dem Abschluß.

1923   Freundschaft mit Josef Kaut, Richard Tomaselli (später Schauspieler) und mit Erich Schenk (später Musikwissenschaftler);
Erscheinen der Zeitschrift *Der blaue Föhn* mit ersten Gedichten Rendls, sein erstes Drama wird auf einer Amateurbühne aufgeführt. Alleinverantwortliche Arbeit auf der väterlichen Bienenfarm in Bürmoos, wissenschaftliche Studien über die Bienen. Reise nach Ungarn und Serbien, um die dortige Imkerei zu studieren.

1924   Verlust des elterlichen Vermögens. Rendl wird Ziegelei-, Bahn- und Bergarbeiter, später erlernt er das Glasbäserhandwerk, Geselle, Gehilfe, konnte nicht Meister werden.

1929/   Arbeitslos, ausgesteuert, hungert. Schreibt trotzdem den
1930   Arbeitslosenroman *Vor den Fenstern* (ursprünglicher Titel *Brot*) und den *Bienenroman*; Freundschaft mit dem Maler Josef Schulz.

1931   *Der Bienenroman* erscheint (auch engl. amerik., holländ. Ausgabe).

1932   *Vor den Fenstern*, Roman (auch franz., holländ.).
Darum lob ich den Sommer, Erzählung.

1933   *Das Spiel vom Tode* u. *Schuldner* (Laienspiele), Freundschaft mit dem Lyriker Jakob Haringer.

1934   *Der Berufene*, Roman (auch ungar. Ausgabe).
Satan auf Erden, Roman (auch finnische Ausgabe).

1935   Beginn der *Glasbläser-Trilogie*.

1937   *Heimat Salzburg*, Wanderbuch.
Elisabeth, Kaiserin von Österreich, Schauspiel, Uraufführung Wien Volkstheater. Letzte Zusammenkunft mit Stefan Zweig. Begegnung mit Joseph Roth.

1938	Übersiedlung von Salzburg/Leopoldskron nach St. Georgen: kurze Zeit von der Gestapo verhaftet.
1939	*Ein fröhlicher Mensch*, Roman (auch tschech.).
1940	*Die Reise zur Mutter*, Roman; neuerliche Verhaftung. Sondergericht. Verfahren ausgesetzt. Militärdienst.
1946	*Christkönigspiel*, Bekenntnisspiel. *Der Bienenroman*, Neuauflage.
1947	*Ich suche die Freude*, Roman; Ehrung durch die österreichische Widerstandsbewegung; Freundschaft mit dem Salzburger Schriftsteller Georg Eberl.
1948	*Gedichte.*
1951	*Glasbläser-Trilogie*, Neubearbeitung in einem Band. Verleihung des Professorentitels und der Ehrenbürgerschaft von St. Georgen.
1952	*Der Ungeliebte*, Roman
1954	*Haus in Gottes Hand*, Roman.
1954	*Ein Mädchen*, Roman.
1955	*Bleiben Sie bei uns, Vianney*, Schauspiel.
1957	*Savonarola*, Schauspiel.
1963	*Das sind die Gedichte*, mit einem Nachwort von Josef Kaut.
1972	Tod in St. Georgen am 10. Jänner.

HILDEMAR HOLL, 1949 geboren in Oberndorf. Germanistik- und Publizistikstudium. Bibliothekar am Institut für Germanistik. Mitarbeit im Salzburger Literaturarchiv; freier Mitarbeiter beim ORF. Zahlreiche journalistische und wissenschaftliche Publikationen. 1995 gab er im Otto Müller Verlag die Romantrilogie „Die Glasbläser von Bürmoos" von Georg Rendl neu heraus.